DANIEL KALUPNER

SEX LIFE

EXKLUSIV INTIM

DANIEL KALUPNER

SEX LIFE

EXKLUSIV INTIM

SCM

SCM

Stiftung Christliche Medien

SCM ist ein Imprint der SCM Verlagsgruppe,
die zur Stiftung Christliche Medien gehört, einer gemeinnützigen Stiftung,
die sich für die Förderung und Verbreitung christlicher
Bücher, Zeitschriften, Filme und Musik einsetzt.

Max-Eyth-Straße 41 · 71088 Holzgerlingen
Internet: www.scm-verlag.de; E-Mail: info@scm-verlag.de

Co-Autor: Matthias Dittmann, matthiasdittmann.de

Alle Internet-Links wurden im August 2018 geprüft.

Gesamtgestaltung: Grafikbüro Sonnhüter // www.grafikbuero-sonnhueter.de
Titelbild: Macrovector, Yanchous (shutterstock.com)
Druck und Bindung: Finidr s.r.o.
Gedruckt in Tschechien
ISBN 978-3-7751-5907-4
Bestell-Nr. 395.907

DANK

Franziska, du bist die Liebe meines Lebens. Deine Liebe hat mich zu dem Mann reifen lassen, der ich heute bin. Ich bin Gott unendlich dankbar für unsere Ehe und besonders auch für unser Sexleben. Mit dir zusammen durchs Leben zu gehen ist das Schönste, was es für mich gibt. Danke für dein Vertrauen, deinen Zuspruch und deinen guten Rat in der Entwicklung für dieses Buch.

Leon, Celine, Jonathan und Joelle: Ihr erfüllt mein Vaterherz mit Freude, Dankbarkeit und Stolz. Von ganzem Herzen wünsche ich euch und eurer Generation, dass ihr die Schönheit und Kraft von Ehe und Sexualität entdeckt und erlebt, die Gott sich gedacht hat.

Matthias Dittmann, dir danke ich, dass du dich auf das Abenteuer eingelassen hast, mich beim Schreiben dieses Buches zu unterstützen. Mit deiner Erfahrung und Ausbildung als Redakteur und Autor hast du das Konzept, den Stil und die Ausarbeitung der Inhalte dieses Buches mitgestaltet. Ohne dich hätte ich es mir nicht zugetraut. Danke für dein Feedback, deine Gedanken und Korrekturen, mit denen du dieses Buch immer besser gemacht hast. Danke auch für deine theologischen Ausführungen im Kapitel 4 zum Thema »Sex und Erotik in der Bibel«.

Vielen Dank auch an Annalena Pabst und das Team vom SCM Verlag. Ihr habt mein noch unfertiges und unreifes Skript gelesen, mir eine Chance gegeben und euch für die Realisierung dieses Projektes eingesetzt.

Herzlich danken möchte ich an dieser Stelle auch Thomas Feuz (guter Text.ch) für das Lektorat. Deine Feedbacks und Korrekturen haben dem Buch den letzten Schliff gegeben.

Mein Dank gilt auch Andreas Dittmann, Dr. Harald Schreiber, Esther Bemmler, Lukas Tobler und Benny Müller. Ihr habt uns in der Konzeptentwicklungsphase durch euer ausführliches Feedback unterstützt. Dies hat uns geholfen, das Buch von Anfang an in die richtige Richtung zu entwickeln und Themen aufzugreifen, die für Männer wirklich relevant sind.

INHALT

VOR-
SPIEL IST
VOR DEM
SPIEL

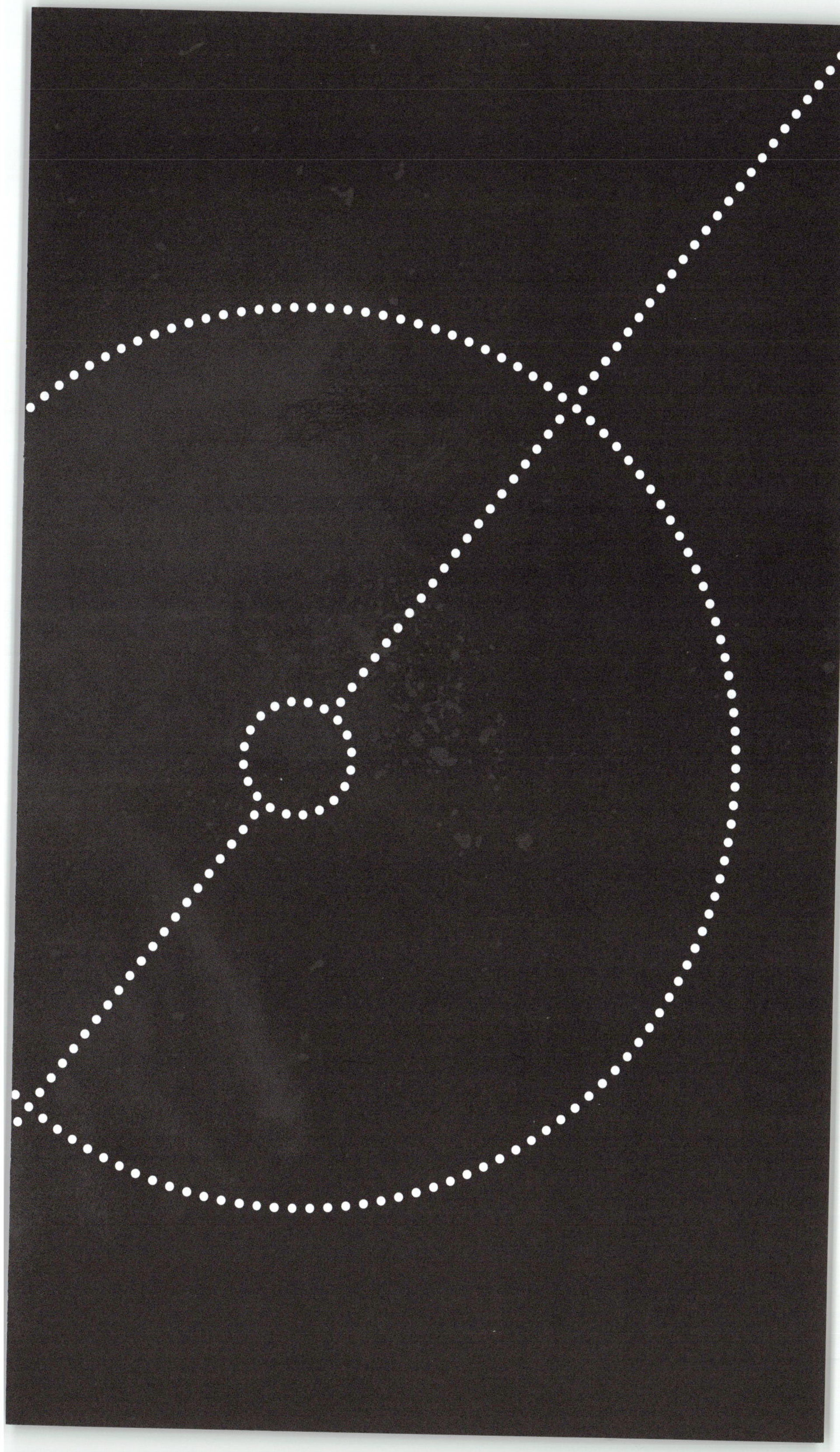

1.0 MEINE GESCHICHTE

Ich erinnere mich gut daran, wie mich meine Eltern auf ein Eheseminar nach Österreich mitnahmen. Wissbegierig saß ich in der ersten Reihe und machte mir eifrig Notizen. Wahrscheinlich verstand ich nicht wirklich, worum es da ging. Beim Thema Sex musste der zwölfjährige Teenager dann alleine aufs Zimmer und durfte fernsehen ...

Inzwischen bin ich 42 Jahre alt und seit 17 Jahren mit der Liebe meines Lebens verheiratet.

WIR LEBEN KEINE PERFEKTE, ABER EINE GESEGNETE EHE.

Natürlich gingen wir auch schon durch Krisen und harte Zeiten. Wir durften aber erleben, wie diese unsere Ehe und unsere Liebe stärker gemacht haben. Gott hat uns vier Kinder anvertraut, die wir über alles lieben und neben dem ganz normalen alltäglichen Wahnsinn sehr genießen.

Aus innerer Überzeugung hatten wir uns dazu entschieden, mit dem Sex bis nach der Hochzeit zu warten. Voller Vorfreude und Leidenschaft starteten wir in unsere Flitterwochen und haben gemeinsam den Sex entdeckt, genossen, gefeiert und eskalieren lassen. Bis heute erleben wir den Segen eines erotischen, leidenschaftlichen und erfüllenden Sexlebens.

Meine Frau Franziska und ich haben schon viele Seminare und Predigten über die Themen Ehe und Sex gehalten. Diese persönliche Leidenschaft für das Thema Sex, all die Feedbacks aus den Seminaren und persönlichen Gesprächen haben mich dazu bewogen, dieses Buch zu schreiben. Alles, was ich schreibe, schreibe ich aus dem Herzen eines Vaters, der seinem Sohn das bestmögliche Liebes- und Sexleben wünscht. Deswegen richte ich mich mit diesem Buch primär an Männer.

Es gab allerdings auch eine Zeit, da war mein Liebesleben alles andere als glücklich und erfüllend. Ich war sogar ziemlich zerbrochen und, um es deutlich zu sagen: am Arsch.

Während meiner Teenagerjahre hatte ich bis auf zwei kurze Knutschbeziehungen keine Liebesbeziehung zu einem Mädchen. Mit dem Sex wollte ich ohnehin bis zur Ehe warten. Das war mir damals schon wichtig, auch wenn ich noch nicht das tiefe Verständnis von Sex hatte, wie ich es heute habe. Anstatt mich dauernd mit dem Thema Beziehung zu beschäftigen, füllte ich mein Leben mit Freundschaften, Sport, Auslandsreisen und Abenteuern. Außerdem investierte ich meine Zeit in die Gemeinde und die Leitung der dortigen Jugendarbeit. Es war eine gute Zeit, auf die ich gerne zurückblicke.

Mit 21 startete ich mit einer Frau, die ich liebte, eine Beziehung. Allerdings verlor ich immer mehr den Fokus auf meine Werte in Bezug auf Sex und ging stattdessen Kompromisse ein – bis wir letztendlich einige Male Sex hatten. Dadurch wurde meine emotionale Verbindung zu ihr noch stärker und ich dachte, sie wäre die Frau meines Lebens. Also machte ich ihr einen Heiratsantrag, für den wir extra nach Venedig fuhren.

Kurz nach unserer Verlobung allerdings zerbrach mein Vertrauen schlagartig, weil sie mich mit einem anderen betrog. Plötzlich war mein Herz ein Haufen Trümmer. Ich war verwirrt, verletzt und am Boden zerstört. Es dauerte etwa acht Monate, bis wir unsere Beziehung auf eine einigermaßen gute Art beenden konnten.

IN MEINEM ZERBRUCH ERFUHR ICH GOTTES LIEBE UND ANNAHME SO TIEF WIE NIE ZUVOR.

Er stellte mein Leben auf ein ganz neues Fundament der Gnade. Er hat mich nicht verdammt, angeklagt oder abgelehnt. Ich konnte meinen Schmerz mit ihm teilen und durfte Geborgenheit, Heilung und neuen Frieden finden.

Als ich mich dann in Franzi verliebte und wir unsere Beziehung starteten, spürte ich, wie Gott mein Herz wiederherstellte und ich bereit war, meine Liebe wieder einer Frau zu schenken. Dafür bin ich Gott unendlich dankbar. Ich dachte mir oft, eine so wunderbare Frau gar nicht verdient zu haben. Aber bei Gott geht es eben nicht darum, was wir verdient haben, sondern um seine väterliche Liebe und Gnade zu uns.

Von Anfang an war uns beiden klar, dass unsere Beziehung auf eine Ehe zusteuerte. Wir kamen am 12. August 2000 zusammen, feierten unsere Verlobung nicht einmal sechs Wochen später am 23. September und heirateten am 7. Juli 2001. Nun, ich gebe zu, das Timing war schon recht sportlich. Das würde ich nicht unbedingt allen empfehlen. Für mich war aber klar: So eine Frau wie Franzi gibt es kein zweites Mal.

Für uns war genauso klar, mit dem Sex bis nach der Hochzeit zu warten. Als ich am Abend, bevor wir zusammenkamen, Franzi erzählte, dass ich bereits mit einer anderen Frau Sex hatte, war das für sie schmerzvoll und traurig. Es fühlte sich für sie an, als ob ihr etwas geraubt worden war, was eigentlich nur ihr gehörte. Ich bereute es auch sehr. Wie gerne hätte ich dieses Kapitel aus meinem Leben gestrichen, vor allem auch deswegen, weil Franzi in dieser Beziehung vollkommen straight war und nicht mal einen Mann vor mir geküsst hatte! Diese Reinheit war für mich unfassbar wertvoll. In den ersten Monaten unserer Beziehung konnten wir sehr offen über diese Themen reden. Dieser Prozess war für mich sehr heilsam.

Wir entwickelten eine Vision für unsere Ehe und unser zukünftiges Sexleben. Das half uns, unseren Werten treu zu bleiben und es bis zur Ehe durchzuziehen. Das fiel uns zwar nicht immer leicht, aber im Nachhinein sind wir stolz drauf. Uns ist klar geworden, wie wir mit unserer Entscheidung eine wichtige und gute Grundlage für den Sex in der Ehe gelegt haben.

Ich bin mir bewusst, dass für manche dieses Bild von Ehe und Sex veraltet erscheinen mag. Aber ich weiß, dass Gott, der Schöpfer und Designer des Sex, nicht veraltet ist.

Haben denn wir Menschen unsere Geschlechtsteile oder gar den Orgasmus erfunden? Na also! Warum maßen wir uns denn an, es besser zu wissen als derjenige, der Sex kreiert und ihn uns als kostbaren Schatz anvertraut hat? Gott ist kein Spaßverderber. Im Gegenteil. Seine Absicht ist es, uns zu segnen, uns Gutes zu tun, unser Herz zu heilen und uns in die Fülle des Lebens – auch deines Sexlebens – zu führen. Jesus hat von sich gesagt:

»ICH ABER BIN GEKOMMEN, UM IHNEN LEBEN ZU BRINGEN – LEBEN IN GANZER FÜLLE.«

Johannesevangelium Kapitel 10, Vers 10 (NGÜ)

Diese Werte gründen sich in einer persönlichen Beziehung zu Gott. Die Bibel ist keineswegs ein veraltetes Buch, das uns ein Regelwerk aufdrücken möchte, welches für die heutige Zeit vollkommen irrelevant ist. Durch die Bibel zeigt sich Gott den Menschen, wie er ist. Sie zeigt uns, wie unser Leben aufblühen kann, wenn wir unter Gottes Segen und Schutz leben. Vor diesem Hintergrund spreche ich über die Ehe zwischen einem Mann und einer Frau, die ihr Leben lang verbunden sind, sich lieben und sich füreinander hingeben.

Wenn die Bibel oder der Glaube an Gott bisher für dich vollkommen fremd und nicht relevant war, kann ich es verstehen, wenn dich die Ansichten in diesem Buch herausfordern werden. Meine Absicht ist es aber nicht, meine Meinung als die absolute Wahrheit darzustellen. Wenn du andere Ansichten hast, respektiere ich das. Ich werde dich keineswegs verurteilen oder abwerten.

Im Gegenteil, ich möchte dich gewinnen und motivieren, dich auf diesen Gott einzulassen, zu erkennen, wie er ist und dass er sich auch für dich wünscht, dass dein Liebes- und Sexleben maximal aufblühen und eskalieren kann.

GIB GOTT EINE CHANCE! DU WIRST ÜBERRASCHT SEIN, WIE REAL, KRAFTVOLL UND LIEBEVOLL ER IST.

Er ist an dir und deinem Sexleben interessiert. Er möchte dich segnen, dir nahe sein und dir eine Vision für ein lebenslanges, leidenschaftliches Liebesleben geben.

Wenn du dir ein solches Sexleben wünschst, ist dieses Buch das richtige für dich. Möglicherweise hast du keinen Bock, das Buch von vorn bis hinten durchzulesen. Kein Problem. Wofür gibt es schließlich Inhaltsverzeichnisse. Lies einfach, was dich interessiert! Zu allem anderen wirst du zu einem späteren Zeitpunkt sicherlich zurückkommen.

JETZT BIST DU DRAN. LET'S GO. VIEL SPASS!

WILL
KOMMEN!
DU AUCH?

2.0 DEIN SEXUELLES ABENTEUER

Bist du bereit für ein sexuelles Abenteuer? Sehnst du dich nach einem leidenschaftlichen Sexleben mit der einen Person, die du von ganzem Herzen liebst und mit der du dein Leben teilen möchtest? Kannst du haben. Dazu musst du möglicherweise bereit sein, deinen bisherigen Horizont sprengen zu lassen, deine Denkweisen zu hinterfragen und dich auf die Suche nach dem Geheimnis für großartigen Sex zu machen.
Bist du bereit für den besten Sex deines Lebens?

TRAU DICH ZU TRÄUMEN.

Ich möchte dir eine Perspektive zeigen, die dich hoffentlich ähnlich begeistert wie mich. Es ist die Perspektive einer Ehe voller Leidenschaft, Romantik und erfüllendem Sex mit dem Partner deines Lebens. Tauche mit mir ein in die Vision einer Sexoase, wie sie uns Rabbiner Shmuley Boteach (einer der berühmtesten Rabbis Amerikas) vor Augen malt:

»Inmitten der ausgetrockneten und dürren Wüste des heute üblichen lieblosen, zufälligen und willkürlichen Sex gibt es eine kühle Oase mit beruhigendem und erfrischendem Wasser, das aus der intensiven, intimen menschlichen Begegnung hervorträufelt und ein Paradies glücklicher und leidenschaftlicher Romantik erschafft.«
Shmuley Boteach, »Koscherer Sex« [1]

Wenn du dir jetzt denkst: O.K., das klingt gut. Ist aber zu schön, um wahr zu sein, dann habe ich eine gute und eine herausfordernde Nachricht für dich:

Die gute Nachricht: Es gibt so eine Oase tatsächlich und du kannst sie finden und erleben.

Die herausfordernde Nachricht: Es wird dich etwas kosten, dorthin zu gelangen.

Shmuley Boteach vergleicht richtig guten Sex mit einer Oase in der Wüste. Diese Oase war Gottes Idee. Er hat sich Sex ausgedacht und ihn den Menschen geschenkt. Er wünscht sich, dass wir Sex genießen und voll auskosten. Er möchte uns Leben in Fülle schenken und zu einem solchen Leben gehört ein erfülltes Sexualleben dazu. Für mich zumindest. Ich vermute mal, das wünschst du dir genauso, sonst würdest du nicht dieses Buch lesen.

Sex gibt es nicht nur zum Zweck der Fortpflanzung. Nein, ich sage dir: Wir sollen Sex genießen, feiern und eskalieren lassen. Gott ist alles andere als prüde. Hätte er sonst den Orgasmus erfunden? Nein, Sex ist ein Meisterwerk unseres Schöpfers, mit dem er uns verwöhnen möchte. Schau mal in die Bibel. Dort findest du das Hohelied Salomos, mit einer der besten Sexszenen der gesamten Literaturgeschichte. Das ist echte Qualität. Kein billiger TV-Scheiß, wohlbedacht platziert, um zappende Zuschauer in der Werbepause in den Bann zu ziehen.

Der Sex, den Gott erschaffen hat, erhält die Liebe eines Ehepaars in lebenslanger Lust und Leidenschaft. Bei dieser Art von Sex kommen beide, Mann und Frau, voll auf ihre Kosten. Und zwar auf eine Art und Weise, dass sie erfüllt und glücklich noch lange nach dem Sex davon zehren können. Dieser Sex, die Vorstellung davon und die Sehnsucht danach, entfachen das Prickeln romantischer Begegnungen immer wieder aufs Neue. Er ist eine Kraftquelle für dein Leben.

Sex, wie Gott ihn sich vorstellt, ist kreativ, spannend und abenteuerlich erotisch. Er ist gleichzeitig rein, heilig und exklusiv. Dieser Sex ist wie ein Schutzwall gegen Untreue und gelangweilte Routine. Ein Mann verschenkt sich exklusiv nur an seine Frau, um sie zu verwöhnen und glücklich zu machen. Eine Frau gibt sich ihrem Mann hin, beschenkt ihn mit ihrem Körper und vertraut sich ihm voll und ganz an, weil sie sich in seiner Liebe und Hingabe sicher fühlt. Sie lässt sich umwerben, erobern und lieben. Sie fühlt sich sexy, weil er sie begehrt – und nicht, weil sie gängigen Idealen entspricht und sich teure Dessous leisten kann. Er braucht nur sie. Sie inspiriert ihn. Er träumt von ihr. Selbst in seinen sexuellen Fantasien gibt es nur sie und ihre Sehnsucht richtet sich nur auf ihn. Er stillt ihr Verlangen genauso wie sie seines. Sie haben Spaß und lieben sich, in allen Stellungen und an allen Orten, die sie sich vorstellen können. Sie sind emotional intim und ebenso verletzlich, wie sie körperlich vertraut sind. Keiner benutzt den anderen für seine eigene Befriedigung, sondern ihre sexuelle Erfüllung finden sie im Orgasmus des andern.

!

SEX IM ALTER

Übrigens: Guter Sex hat nichts mit dem Alter zu tun. Im Alter können wir genauso guten Sex haben. Oder sogar besseren. Dazu gibt es mehrere Studien.[2] Und die sagen: Führen Partner eine emotional intime Beziehung, vertrauen sie sich und lieben sie sich, nimmt im Alter zwar möglicherweise die Häufigkeit des Geschlechtsverkehrs ab, aber der Genuss und die Zufriedenheit steigen. Zumindest, sofern es keine körperlichen Beeinträchtigungen gibt.

Ich bin überzeugt, dass Gott für jedes Ehepaar eine solche Oase sexueller Leidenschaft bereithält. Dabei geht es nicht um sexuellen Leistungssport und Erfolg, sondern um ein Geheimnis, welches sich lohnt, entdeckt und erforscht zu werden. Dafür möchte ich dir Mut machen und dich motivieren, egal ob du noch Single bist, in einer Freundschaft lebst oder schon verheiratet bist. Es lohnt sich, die Ideen und Absichten Gottes für dein Sexleben zu erkennen. Du hast die Wahl. Triff eine Entscheidung.

AUSGETRÄUMT.

Es ist doch erstaunlich, dass Romane wie »Fifty Shades of Grey« und all seine Imitate so großen Erfolg haben. Bei all der sexuellen Freizügigkeit und permanenten Verfügbarkeit, die wir heute erleben, zeigt es, wie viele Menschen frustriert von ihrem Sexleben sind. Sie versuchen, sich an sexuelle Reize und Praktiken zu klammern, die noch einigermaßen Befriedigung versprechen.

FIFTY SHADES OF GREY

Die Romantrilogie »Shades Of Grey« der Autorin E.L. James gehört zu den erfolgreichsten Romanen der Welt und wurde bereits mehr als 100 Millionen Mal verkauft. Darin geht es um die Beziehung zwischen einer Studentin und einem Milliardär, in der beide ihre BDSM-Fantasien ausleben. Dass die Schilderungen »jede Regel von BDSM« brechen, wie die britische Psychologin Susan Quilliam schreibt [3], das Buch also schlecht recherchiert und klischeebeladen ist, stört die Leser offenbar nicht.

Wenn Teenager mit 13 Jahren sexuell schon alles erlebt haben, was man erleben kann, und dabei jeglichen Wert und alle Würde verloren haben, frage ich mich, wo das wohl enden soll. Es wächst eine Generation heran, die scheinbar grenzenlose Lust erlebt, aber immer einsamer und beziehungsunfähiger wird. Sex ist dabei nicht viel mehr als ein bisschen Spaß und die unerfüllte Hoffnung auf Liebe.

Wenn Männer und Frauen von pornografischen Fantasien und Süchten beherrscht werden, wenn sie abgestumpft und nicht mehr fähig sind, wirkliche Intimität mit ihrem Partner zu erleben, geht die Schönheit und Exklusivität von Sex vor die Hunde.

Beinahe genauso zerstörerisch wie Pornografie sind romantische Fantasien aus billigen Liebesschnulzen. Auch sie gaukeln uns eine falsche Realität vor: Schwierigkeiten sind in der Schnulze ein Zeichen, dass etwas in der Beziehung nicht stimmt. Und dieses Problem löst im Endeffekt ein Ritter in strahlender Rüstung. Mit dem neuen Partner ist dann endlich alles gut. Alle Probleme sind gelöst, endlich herrscht Harmonie.

Ich sage nicht, dass du deine Süße jetzt davon abhalten solltest, Romanzen zu gucken. Dennoch können selbst harmlose Schnulzen auf Dauer unser Denken beeinflussen. Vor allem dann, wenn die Zeiten in eurer Beziehung tatsächlich mal etwas rauer werden.

Meiner Meinung nach beruht diese abgestumpfte Vorstellung von Sex auf dem Irrglauben, Sex sei eine rein körperliche Angelegenheit. Mit dieser Lüge stürzen sich viele in sexuelle Abenteuer und Experimente in der Hoffnung, etwas Ablenkung, Spaß und Bestätigung zu finden. Das Ergebnis ist das genaue Gegenteil: Ihr Sexleben stumpft ab, es wird oberflächlich und unbefriedigend.

MYTHOS #1:
SEX IST EINE REIN KÖRPERLICHE ANGELEGENHEIT

Sex ist eigentlich nichts anderes als Tennis spielen. Du machst halt mit jemandem was aus, schwitzt ein bisschen, duschst dich und das wars. Mit der Zeit stellst du fest, mit welchen Partnern es besonders Spaß macht, zum Beispiel, weil man davor und danach auch ganz gut quatschen kann. Aber um besser zu werden, darfst du nicht nur mit einem Partner trainieren.

Dabei ist Sex so viel mehr als eine animalische Aktivität, gesteuert von Trieben, denen wir als Homo sapiens hilflos ausgeliefert sind.

SEX HAT EINE IMMENSE EMOTIONALE UND SPIRITUELLE KRAFT.

Sie kann entweder Leben schaffen und Liebe erhalten oder sie kann Leben zerstören und Herzen zerbrechen.

Wenn Sex für dich nicht mehr ist als ein Tennisspiel, wirst du zwar körperlich befriedigt, bleibst aber leer. Du tust alles dafür, dich sexy zu fühlen, machst Sport, gehst ins Fitnessstudio, achtest auf deine Ernährung – bleibst aber irgendwie unglücklich. Deine Trainingspartner mögen noch so aufregend sein, dir ist dennoch langweilig. Du verschmilzt zwar körperlich mit deinem Partner, ihr seid euch aber emotional fremd. Du bist in einer Beziehung, fühlst dich aber einsam.

Wenn Sex für dich nicht mehr ist als ein Tennisspiel, wirst du früher oder später tief in deiner Persönlichkeit verletzt werden oder sogar zerbrechen.

Denk doch einmal kurz über folgende zwei Fragen nach, dann wird dir sicher klar, warum Sex niemals rein körperlich sein kann:
- Warum ist es für eine Person, die als Kind sexuell missbraucht wurde, so schwer, ein Leben lang damit umzugehen und emotional gesund zu werden?
- Warum ist für eine Person eine Vergewaltigung wesentlich traumatischer als zum Beispiel geschlagen zu werden?

Es ist an der Zeit, die Lüge, Sex sei etwas rein Körperliches, über Bord zu werfen und bereit zu sein, auf eine neue Art und Weise über Sex zu denken. Und zu fragen, wie Gott, der Erfinder von Sex, darüber denkt.

Wenn wir Tierdokumentationen sehen, wird uns schnell bewusst: Bei der Fortpflanzung der Tiere geht es um nichts anderes als um grundlegende biologische Funktionen und Instinkte, um das Überleben der Stärkeren und die Erhaltung der Rasse. Es gibt keine Werte, keine höheren Ziele oder tieferen Gründe, keine Liebe, wie wir sie kennen und wie sie uns Menschen ausmacht. Das liegt einfach daran, dass Tiere keine Menschen sind und Menschen keine Tiere.

Die Bibel zeigt uns, dass Gott den Menschen als sein Ebenbild geschaffen hat und uns deswegen etwas ganz Grundlegendes von Tieren unterscheidet. Wir bestehen nicht einfach nur aus einer Masse von Molekülen, die durch Hormone und Botenstoffe gesteuert werden. Natürlich haben wir ähnlich wie die Tiere Triebkräfte, die ein gewisses Verhalten in uns hervorbringen. Dazu gehört beispielsweise unser Sextrieb. Dennoch sind wir keine triebgesteuerten Geschöpfe. Sondern Menschen mit einem freien Willen, die werteorientiert leben können und damit die Fähigkeit haben, ihre Triebe zu lenken und zu beherrschen. Der Grund dafür liegt darin, dass wir mit einem Körper, einer Seele und einem Geist erschaffen wurden und damit die Ebenbildlichkeit Gottes zum Ausdruck kommt.

Ich glaube, wir sind uns einig, dass wir einen Körper besitzen. Mit ihm und den Sinnen, die an ihn gekoppelt sind, begreifen wir unsere Umwelt.

Dass es darüber hinaus noch mehr geben muss, ist auch relativ klar, denn unsere Psyche, unser Ich, ist nicht körperlich. Was genau das Ich ist, wie es entsteht und wie es wieder aufhört, kann die Wissenschaft noch nicht zweifelsfrei erklären – auch wenn es einige Theorien dazu gibt. Neurowissenschaftler können Gehirnströme messen und fast alles mithilfe elektrischer Impulse simulieren – selbst das Gefühl, außerhalb seines eigenen Körpers zu sein. Doch diese Daten erklären im Grunde nichts. »Selbst wenn sich ein künftiger Hirnforscher alle Daten über das Gehirn einer Verliebten verschaffte, könnte er anhand seiner Messungen nicht erfahren, wie es ist, sich zu verlieben«, schreibt der Wissenschaftsautor Stefan Klein.[4]

Renommierte Quantenphysiker wie Hans-Peter Dürr, ehemaliger Leiter des Max-Planck-Instituts für Physik in München, sind beispielsweise der Meinung, dass es eine Seele gibt, dass diese auch vom Körper getrennt existieren kann und insofern auch nach dem Tod des Körpers weiter existieren könnte.[5]

In der Bibel lesen wir in 1. Mose 2,5-7, dass Gott den Menschen seinen Atem einblies und sie erst dadurch lebendig wurden. Das hebräische Wort für Seele lautet נשמה/neschama. Erst durch diesen Atem wurden die Menschen zu lebendigen Wesen. Bei Tieren war das nicht notwendig. Im Neuen Testament wird der griechische Begriff ψυχή/Psyche verwendet und manchmal mit »Leben«, manchmal mit »Seele« übersetzt. Einfach ausgedrückt ist die Seele der Sitz unserer Persönlichkeit, unser Ich. Also kein Hokuspokus oder so.

Abgefahrener wird das schon, wenn es um den geistlichen Aspekt unseres Menschseins geht. Wenn du mit Gott nichts am Hut hast, hast du diese Dimension wahrscheinlich noch nie wahrgenommen. Sobald du aber einfach mal anfängst zu beten, auf Gott zu hören oder Bibel zu lesen, wird dieses Bewusstsein in dir stärker.

Sowohl die seelische als auch die geistliche Dimension können wir nicht mit physischen Sinnen wahrnehmen – was aber nicht heißt, dass sie nicht existiert. Mit unseren Augen und Ohren können wir auch nur ein sehr begrenztes Spektrum an Schallwellen oder Lichtwellen wahrnehmen. Dennoch sind auch solche Wellen real, die außerhalb dieses Spektrums liegen. Und sie waren auch schon zu einem Zeitpunkt real, bevor wir sie mit Messinstrumenten sichtbar machen und verstehen konnten.

Nun kannst du natürlich sagen: Ich glaube nur, was ich sehen, hören, anfassen oder wenigstens physikalisch beweisen kann. Dadurch schränkst du dich und deinen Horizont allerdings ein.

Wenn wir Sex auf eine rein körperliche Ebene und lediglich auf das Ausleben eines Triebes reduzieren, passieren zwei Dinge:

1. Wir verpassen das Wunderbarste an Sex, nämlich die starke, intime Verbindung zu dem Menschen, den wir lieben.
2. Wir liefern uns dieser beherrschenden Triebkraft hilflos aus.

Ein Sextrieb, den wir nicht unter Kontrolle haben, kann eine sehr destruktive Kraft entwickeln. Er kann unsere Ehe und Familie zerstören, Menschen unterdrücken, missbrauchen, ausbeuten und sogar versklaven. All das zusammen war niemals Gottes Idee, als er den Sex geschaffen hat und ihn uns Menschen gegeben hat.

DU HAST DIE WAHL.

Die Entscheidungen, die du heute triffst, und der Lebensstil, den du heute anfängst zu führen, definieren deine Zukunft. Es ist nicht leicht, gute Entscheidungen in Bezug auf unser Sexleben zu treffen, und es ist noch schwieriger, danach zu leben. Wir dürfen jedoch weder vor diesen Herausforderungen noch vor allgemein vorherrschenden Meinungen unserer Zeit einknicken. Das betrifft allerdings nicht nur unser Sexleben, sondern alle Lebensbereiche.

Und was uns dabei nicht hilft, sind zahllose christliche Regeln und Gesetze und der krampfhafte Versuch, diesen zu entsprechen. Wir brauchen eine göttliche Perspektive von Sex, die uns begeistert, inspiriert und motiviert, einen göttlichen Weg einzuschlagen und diesen auch konsequent zu gehen. Wir brauchen Freunde, Vorbilder und Leiter, die diesen Weg mit uns gehen und uns Mut machen und aufrichten, wenn wir hinfallen.

Eine göttliche Perspektive finden wir nur dann, wenn wir bereit sind, das Herz und die Gedanken Gottes zu erforschen, unsere bisherigen Prägungen und Denkweisen zu reflektieren und uns ganz auf Gottes Ideen einzulassen.

MÖCHTEST DU DICH DARAUF EINLASSEN? DANN LIES WEITER. DER BESTE SEX DEINES LEBENS WARTET AUF DICH.

ALLES IM GRIFF?

3.0 DEIN ANTRIEB

Er wollte nur mal kurz mit dem Jetski die Ostsee durchpflügen, das gute Wetter und den perfekten Wellengang ausnutzen. Er bediente den Drehschalter, der Motor heulte auf. Kühles Salzwasser spritzte ihm ins Gesicht. Das geht doch noch schneller! Das Ufer war nur noch ein dünner Streifen am Horizont. Doch dann stotterte der Motor plötzlich und verstummte. Er drehte den Zündschlüssel, der Motor blieb aus. Leise schlugen die Wellen gegen die Seitenwand des Jetskis. Noch ein Versuch. Nichts.

Heute erst habe ich von dieser Story gelesen: Ein Typ trieb mit seinem Jetski hilflos auf dem Meer. Erst nach 20 Stunden entdeckte ihn ein Boot und nahm ihn auf, 20 Kilometer von seinem Startpunkt entfernt.[6]

Antrieb ist etwas sehr Wichtiges. Ohne Antrieb kommen wir nicht vorwärts, gibt es keine Entwicklung, kein Wachstum, letztendlich kein Überleben. Dein Antrieb gibt dir Kraft, Freude, entfacht Leidenschaft für eine Sache oder ein Thema. Wir sind interessiert, lernen dazu und entwickeln uns. Wenn du deinen Antrieb verlierst, verlierst du auch die Kraft, dein Leben zu gestalten und zu lenken. Deine Energie ist aufgebraucht, dein Feuer ausgebrannt. Dann wird dein Leben von anderen, externen Kräften gelenkt und du bist nicht mehr Herr über dich selbst, sondern bist ausgeliefert und machtlos. Dein Jetski sitzt wie eine Nussschale auf den Wellen.

Der Antrieb für dein Sexleben ist etwas sehr Wertvolles und Wichtiges. Gott, unser Schöpfer, hat uns mit einer Kraft ausgestattet, die in unserer Sexualität ihren Ausdruck findet.

DER SEXTRIEB IST EINE GROSSARTIGE IDEE. DANKE, GOTT!

Diese erotische Kraft kann Gefühle der Liebe, der Zuneigung zu unserem Partner immer wieder neu in uns aufflammen lassen. Deswegen ist sie auch für eine lebenslange glückliche Liebe so wichtig: Dein Sextrieb treibt dich immer wieder zu deiner Partnerin und er hilft euch, Konflikte und Distanz zu überwinden.

Auf der anderen Seite kann der Sextrieb aber auch destruktiv wirken: Pornografiesucht, sexuell manipulatives Verhalten, Fremdgehen – das alles kann unsere Sexualität negativ beeinflussen und Beziehungen zerstören. Sexueller Missbrauch, Vergewaltigung sogar von Kindern, Menschenhandel und Sextourismus zerstören ganze Menschenleben. Und die Liste sexueller Perversionen und Abgründe ist lang. Alle diese Dinge sind eine Folge der gleichen, von Gott wunderbar geschaffenen Kraft, die aber durch die Abwendung des Menschen von Gott pervertiert wird.

Dein Sextrieb ist eigentlich etwas Wunderbares! Wichtig ist aber, dass du lernst, deinen Trieb zu beherrschen. Dann wird diese Kraft eurem Sexleben leidenschaftliche Erotik schenken. Wenn dein Sextrieb dagegen dich beherrscht, bist du ihm mehr oder weniger hilflos ausgeliefert.

MIT 1 PS IN DIE PFÜTZE

Als James Watt mit Dampfmaschinen experimentierte, um sie zu verbessern, suchte er nach einer Möglichkeit, um ihre Leistung zu veranschaulichen. Seine Idee: Er ermittelte, wie viele Pferde eine Maschine ersetzen können. Die Maßeinheit Pferdestärken, oder kurz PS, war geboren. Später wurde diese Maßeinheit durch Watt ersetzt und nach ihm benannt.

Ich finde, so ein Pferd ist ein geniales Bild für unseren Sextrieb. Ich stelle mir einen wilden Hengst vor, voll Energie und feuriger Leidenschaft, der allerdings eingeritten und dressiert werden muss, damit seine Kraft in gesunde Bahnen gelenkt werden kann.

Beim Sextrieb ist es nämlich genau das Gleiche. Es geht nicht darum, dem Pferd seine Kraft zu rauben. Nein, es geht darum, sich die Kraft dieses stolzen Tieres zunutze zu machen. Wenn ich davon spreche, deinen Sextrieb zu beherrschen, geht es auch nicht darum, ihn zu unterdrücken oder zu schwächen. Es geht auch nicht darum, den Sextrieb als etwas Schlechtes zu verteufeln. Es geht darum, ihn zu beherrschen und zu steuern, damit er sein maximales Potenzial entfalten kann.

Es geht darum, dein maximales Potenzial zu entfalten.

Wenn du lernst, deinen Sextrieb zu beherrschen, wird dein Sexleben erfüllender und auf lange Sicht glücklicher sein! Denn du lernst, deine Bedürfnisse auf eine gute und gesunde Art und Weise zu stillen.

Durst haben wir alle. Die Frage ist: Was tust du, um deinen Durst zu stillen? Du schmeißt dich wahrscheinlich nicht in die erstbeste Pfütze und trinkst das Regenwasser, oder? Das kann deinen Durst möglicherweise schon stillen. Aber es macht dich krank und du machst dich lächerlich. Nein, normalerweise wartest du, bis du etwas Sauberes trinken kannst.

So ähnlich ist das auch beim Sexdurst. Du musst lernen, ihn eine Weile zurückzuhalten. Dann musst du ihn nicht auf die erstschlechteste Art und Weise stillen. Lerne zu warten. Du wirst dabei nicht umkommen. Wenn du deinen sexuellen Durst auf perverse und unreine Art zu stillen versuchst, wird das deinen Durst nur noch größer machen. Dann wird es mit der Zeit immer schwieriger, deinem Trieb zu widerstehen. Und plötzlich stellst du fest, dass du pornografieabhängig bist, fremdgegangen bist oder noch destruktivere Sachen gemacht hast.

Wenn du diese ursprünglich göttliche und reine Kraft aber beherrschst, wird sie dir und deiner Partnerin viel Freude und Erfüllung bereiten!

Um diese Kraft in uns zu bändigen, benötigen wir aber mehr als nur gute Vorsätze. Wir brauchen Geisteskraft! Diese Geisteskraft finden wir in unserem Glauben an Gott und in der Freundschaft mit dem Heiligen Geist. Diese Beziehung zu Gott wird beispielsweise durch Gebet, Bibellesen, Freundschaft mit anderen Christen und den aktiven Besuch einer Gemeinde gefördert. Sie kann uns dabei helfen, unseren Sextrieb zu beherrschen.

Im Kapitel »Sex exklusiv« schreibe ich über exklusiven Sex in der Ehe und über Enthaltsamkeit vor der Ehe. In diesem Zusammenhang schreibe ich auch darüber, wie du deinen Sextrieb beherrschen kannst.

Ein etwas selteneres Problem: Der Sextrieb fehlt. Ich glaube, dass es auch in diesem Fall Hoffnung gibt. Ich glaube nicht, dass es Gottes Absicht für dein Leben ist, dich durch alles, was mit Sex zu tun hat, durchzuquälen. Ich glaube, dass Gott dich heilen möchte. Vielleicht gibt es in deiner Vergangenheit etwas, was deinen Sextrieb blockiert. Es lohnt sich, nachzuforschen und das herauszubekommen. Ich kann dir in diesem Buch nicht viel dazu sagen. Möglicherweise kann dir ein Mentor oder besser ein Seelsorger oder Psychologe dabei helfen.

WIESO HEISST ES EIGENTLICH G-PUNKT UND NICHT KOMM-PUNKT?

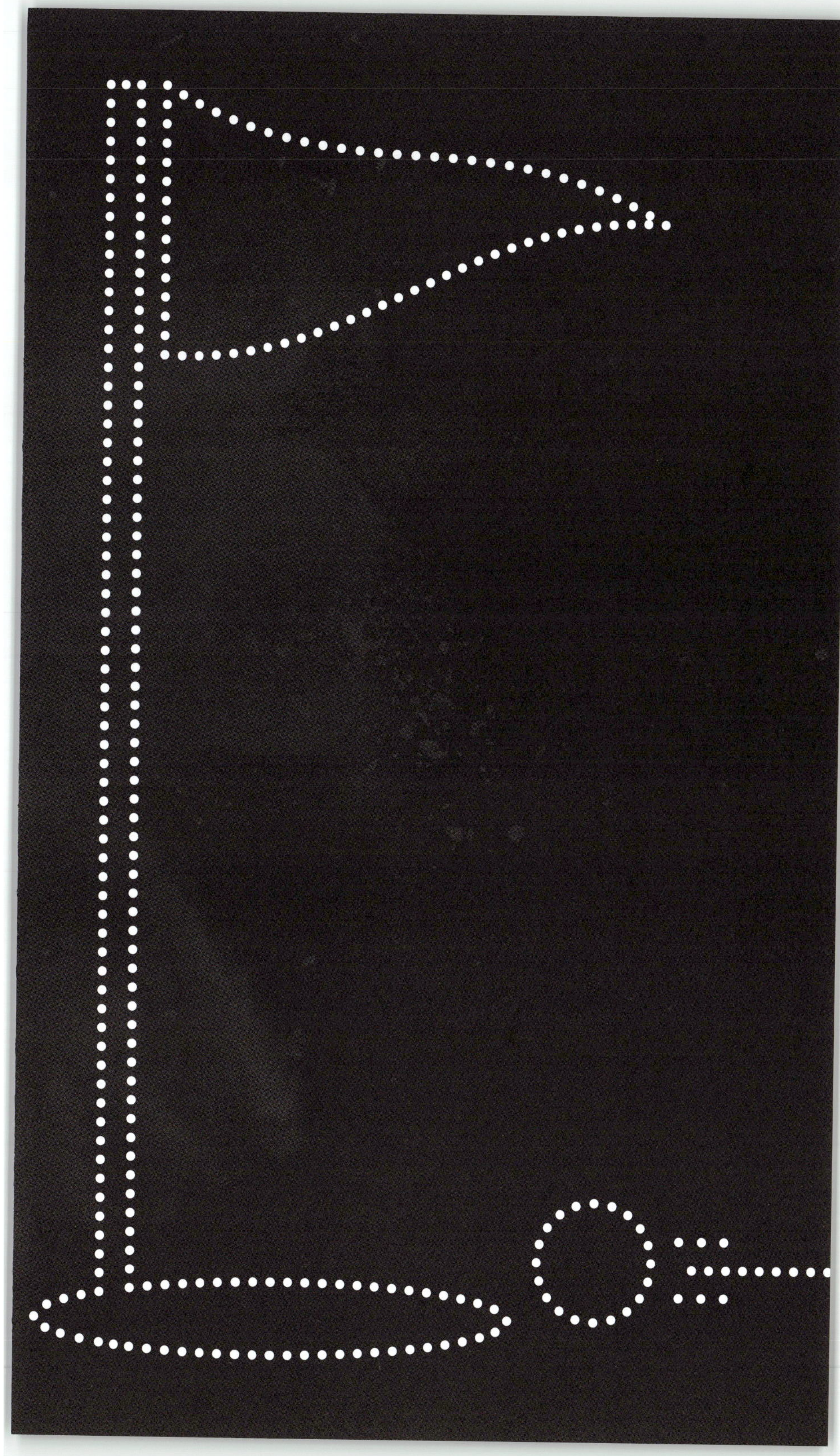

3.1 DEINE VORSTELLUNG VON GUTEM SEX

Ein wesentlicher Faktor, der unseren Sextrieb in eine gesunde oder ungesunde Richtung lenkt, sind unsere Vorstellungen und Prägungen von gutem Sex. Du kannst dir das wie einen Autopiloten vorstellen, der auf ein bestimmtes Ziel eingestellt ist. Wenn du dich auf den Weg machst, wäre es sinnvoll zu überprüfen, welches Ziel der Autopilot ansteuert – und dieses Ziel gegebenenfalls zu verändern.

Deine aktuelle Vorstellung von Sex ist ein Abbild aller Informationen und Erfahrungen, die du zu diesem Thema in deinem bisherigen Leben gemacht hast.

- Was hast du von deinen Eltern über Sex erfahren?
- Wie denkt dein Freundeskreis über Sex?
- Hast du andere Vorbilder? Wie sieht deren Sexleben aus?
- Welche Medien konsumierst du und welche Rolle spielt Sex darin?
- Wie sahen deine ersten sexuellen Erfahrungen aus?
- Welche sexuellen Erfahrungen hast du danach gemacht?

All diese Dinge und vermutlich noch weitere kreieren gemeinsam das Bild von Sex, das du eben hast. Auf ein paar davon will ich etwas näher eingehen.

DAS MIT DEM APFEL UND DEM STAMM

Das Sexleben deiner Eltern hat dich wahrscheinlich mehr geprägt, als dir bewusst ist. Die Vorstellung davon findest du bestimmt etwas seltsam. Aber: Willkommen im Klub! Ich habe bisher ehrlich gesagt kaum Menschen kennengelernt, die sagten: Wow, so eine Ehe und so ein fantastisches Sexleben wie meine Eltern haben, das wünsche ich mir auch mal. Im Gegenteil: Viele junge Leute, die ich kenne, sagen mir, dass die Ehe ihrer Eltern und das, was sie von ihrem Sexleben mitbekommen haben, eher ein Grund dafür ist, nicht zu heiraten. Ich wünsche mir definitiv, dass Franzi und ich trotz all unseren Fehlern und Schwächen unseren Kindern bezüglich Ehe und Sex dennoch ein gutes Vorbild sein können.

Egal, wie du die Beziehung zu deinen Eltern siehst, wie nah oder distanziert ihr euch seid: Sie sind nun mal deine Eltern und haben dich auch in Bezug auf deine Sexualität geprägt.

In deinen Teenagerjahren hat dich auch dein Freundeskreis geprägt und deine Vorstellungen von Ehe und Sex beeinflusst. Vielleicht hast du auch Vorbilder gehabt, die dir ein positives Bild von Ehe, Sex und Liebe vermittelt haben. Das können auch Menschen sein, die du persönlich gar nicht gekannt hast. Wichtig ist, diese Prägungen zu reflektieren und gegebenenfalls zu korrigieren.

PORNOS UND ROMANZEN

Neben Menschen in unserer Umgebung spielen auch die Medien und die Gesellschaft an sich eine große Rolle. Zwar bin ich überzeugt davon, dass du die Medienkompetenz besitzt, faktische und fiktionale Medien weitgehend auseinanderzuhalten. Du weißt auch ganz genau, dass dir ein Porno kein realistisches Bild von Sex vermitteln, genauso wenig, wie eine romantische Komödie uns etwas darüber sagen kann, wie eine Beziehung im Alltag funktioniert. Du weißt, dass es sich dabei um ausgedachte Geschichten mit einer ganz spezifischen Absicht handelt. Aber dennoch haben diese Informationen das Potenzial, Einfluss darauf zu nehmen, wie du über Sex und Beziehungen denkst.

In Filmen und anderen Erzählmedien hat Sex oftmals eine ganz bestimmte Aufgabe. Großartiger Sex heißt: Hier stimmt alles. Er zeigt, dass sich die beiden Protagonisten wirklich lieben. Sie gehören zusammen. Es ist ein äußerliches Zeichen für eine innere Wahrheit. Eine Wahrheit, die nur schwer auf andere Art und Weise erzählt werden kann. Natürlich dient Erotik manchmal auch nur als optischer Zuschauermagnet. Das, was die Filme zeigen, ist natürlich keine Anleitung zu gutem Sex. Soll es gar nicht sein. Hat auch nie jemand behauptet.

In unsere Gehirne frisst sich die Information dennoch ein. Und so hoffen wir am Ende einer Beziehung darauf, dass beim nächsten Mal endlich der oder die Richtige daherschwebt. Und mit ihr oder ihm haben dann endlich all die anstrengenden Beziehungsdifferenzen ein Ende. Das Merkmal Nummer eins, dass genau das tatsächlich passiert: großartiger Sex. Aber das ist eine Lüge: Weder deuten Konflikte darauf hin, dass etwas in der Beziehung nicht stimmt, noch bedeutet guter Sex, dass man den perfekten Partner gefunden hat.

Eine zweite Lüge stammt eher aus den faktischen Medien. Es handelt sich dabei um die Aussage, Monogamie sei eine moralisierende Erfindung. Wir müssten uns von den Fesseln der Monogamie befreien. Sexualität lebe ausschließlich von Abenteuer und Abwechslung. Das wird üblicherweise evolutionär begründet.

MYTHOS #2: MONOGAMER SEX IST EINE ERFINDUNG DER MENSCHEN.

Entdecke das Tier in dir. Folge deinen Trieben, suche dir so viele Geschlechtspartner, wie du willst, und du wirst deiner eigentlichen Natur entsprechend handeln. Und glücklich sein.

Meines Erachtens hat das Argument, Polygamie sei die von der Evolution vorgesehene Beziehungsform, einen entscheidenden logischen Fehler:

Angenommen, es wäre evolutionär gesehen tatsächlich besser, möglichst viele Geschlechtspartner zu haben – warum funktioniert das in der Realität nicht? Warum sind Menschen verletzt, wenn der Mensch, den sie lieben, mit jemand anderem ins Bett springt oder eine neue Beziehung eingeht? Wie hätten solche Gefühle entstehen können? Schließlich setzt sich laut Evolution auf Dauer das durch, was für eine Spezies am besten ist.

Wenn du so darüber nachdenkst, wer dich auf welche Weise beeinflusst hat, wird dir vielleicht klar, warum du über bestimmte Themen in Sachen Sex denkst, wie du eben darüber denkst. Vieles von dem, was wir so an Prägungen aufnehmen, erscheint uns selbstverständlich und normal. Vor allem, wenn wir beobachten, dass die Menschen um uns herum genauso denken und handeln. Man könnte heutzutage tatsächlich meinen, es sei normal, wenn Jungs mit 12 oder 13 Jahren schon krass harte Pornos konsumieren oder dass es niemanden mehr gibt, der als Jungfrau in die Ehe startet. Fremdgehen und fremdflirten kann passieren, beziehungsweise es gehört nun mal dazu, genau wie Freundschaften, in denen man einfach unverbindlichen Sex ohne Verpflichtungen haben kann – könnte man meinen.

Geht es den Leuten durch Pornos wirklich besser?

Ich möchte dich mit diesem Buch herausfordern, deine bisherigen Prägungen und Denkweisen zu hinterfragen und zu überlegen: Geht es den Leuten dadurch wirklich besser? Sind sie wirklich glücklicher und erfüllter? Macht Pornokonsum unser Sexleben wirklich besser? Bin ich durch die Art und Weise, wie ich mein Sexleben gestalte, glücklich und zufrieden?

»RICHTET EUCH NICHT LÄNGER NACH DEN MAẞSTÄBEN DIESER WELT, SONDERN LERNT, IN EINER NEUEN WEISE ZU DENKEN, DAMIT IHR VERÄNDERT WERDET UND BEURTEILEN KÖNNT, OB ETWAS GOTTES WILLE IST – OB ES GUT IST, OB GOTT FREUDE DARAN HAT UND OB ES VOLLKOMMEN IST.«

Römerbrief Kapitel 12, Vers 2 (NGÜ)

Die Bibel ermutigt uns, uns nicht den Maßstäben dieser Welt anzupassen, sondern unsere Denkweise anhand der Idee Gottes bezüglich Sex erneuern zu lassen. Nur weil alle etwas machen, heißt das noch lange nicht, dass es richtig und gesund ist. Ich möchte dich in diesem Prozess unterstützen, ungesunde Denkweisen und Prägungen zum Thema Sex zu erkennen und zu korrigieren.

Guter Sex ist aus der Sicht Gottes also das Ergebnis einer exklusiven, intimen Beziehung zwischen einem Mann und seiner Frau, zwischen einer Frau und ihrem Mann. Er dient der Befriedigung beider, er darf Spaß machen und er ist ein Abbild der intimen Beziehung zwischen Gott und den Menschen.

GUTER SEX IST, WENN
SICH MANN UND
FRAU HINTERHER STÄRKER
VERBUNDEN FÜHLEN,
KRAFT GETANKT HABEN,
WENN IHRE GEFÜHLE
VON ROMANTIK UND VERLIEBTSEIN
ERFRISCHT WURDEN, IHRE
GEGENSEITIGE ANZIEHUNGSKRAFT
STÄRKER IST, GEGENSEITIGE
WERTSCHÄTZUNG
UND VERTRAUEN
JEDES MAL WÄCHST.

EINE NACHT IN DEINEM KOPF!

3.2 DIE SEXPARTY DER NEUROCHEMICALS

Wissenschaft und Glaube passen nicht zusammen? Pah! Ich finde es immer faszinierend, wenn neuste wissenschaftliche Erkenntnisse die Absichten unseres genialen Schöpfers aufzeigen und bestätigen. Anhand der Erkenntnisse aus den Bereichen der Gehirnforschung und Neurowissenschaften können wir verstehen, wie kraftvoll Sex ist, welche Rolle unser Gehirn dabei spielt und wie wichtig der exklusive Rahmen der Ehe für ein erfülltes lebenslanges Sexleben ist.

Viele dieser Erkenntnisse aus wissenschaftlichen Forschungen und einer Vielzahl von Studien haben die Autoren Joe McIlhaney und Freda Mckissic Bush in ihrem Buch »Hooked: New Science on How Casual Sex Is Affecting Our Children« dargestellt. Wenn dich so etwas interessiert, empfehle ich dir, es zu kaufen. Es ist wirklich faszinierend und hoch interessant.

Vielleicht überrascht es dich, aber: Dein stärkstes und wichtigstes Sexualorgan ist nicht dein Penis, sondern dein Gehirn. Die Tatsache, dass du einen Orgasmus haben kannst, ohne dass du oder jemand anders deinen Penis berührt, hast du deinem Gehirn zu verdanken. Jeder Mann kennt feuchte Träume, bei denen wir im Schlaf einen Samenerguss haben. Aber unser Gehirn kann noch viel mehr. Um die ganze Brainpower für dein Sexleben zu verstehen, musst du ein paar Basics über dein Gehirn kennen.

Neuronen sind die wichtigsten Zellen deines Gehirns. Durch sie fließt die Energie, die dein Gehirn zum Laufen bringt. Damit die Neuronen miteinander kommunizieren können, sind sie über Synapsen miteinander verbunden. Unsere Neuronen formen über 100 Trillionen Verbindungen. Sie bilden ein Netzwerk, das unserem Internet ähnelt, nur dass es lediglich dreieinhalb Milliarden Internetnutzer weltweit gibt. Allerdings besitzen diese Verbindungen keine weitgehend festen Übertragungskapazitäten. Synapsen sind organisch und von der Intensität ihrer Benutzung abhängig. Ähnlich wie bei unseren Muskeln werden die Synapsen und Neuronen leistungsfähiger, je mehr wir sie gebrauchen. Das ist der Grund, warum du dein Gehirn trainieren kannst, während deine Internetleitung nicht schneller wird, nur weil du täglich mehrere Gigabyte Daten herunterlädst. Wenn wir unser Hirn dagegen nicht gebrauchen, schrumpfen und verkümmern die Synapsen.

Bei jedem neuen Erlebnis entstehen auch neue Neuronenverbindungen. Diese Verbindungen sind beispielsweise grundlegend für unsere Erinnerungen, unsere Verhaltensmuster, die Reaktionen des Körpers, für Gefühle, Sehnsüchte und vieles mehr.

JEDES MAL WENN SO EINE VERBINDUNG AKTIVIERT WIRD, WIRD SIE STÄRKER.

Das bedeutet, dass unser Gehirn von der Geburt bis zum Tod formbar und anpassungsfähig ist. Gemäß unserer Erfahrung, dem, was wir sehen, hören oder andersartig wahrnehmen, werden Synapsen erhalten und verstärkt – oder sie verkümmern und sterben ab. Das bedeutet auch, dass die Art, wie dein Hirn dein Sexleben aktuell steuert, nicht einfach Schicksal ist. Falls du nach der Lektüre dieses Buches etwas ändern willst – es wäre möglich. Du kannst neue Synapsen aufbauen, indem du neue Erfahrungen machst, und diese stärken, indem du diese Erfahrungen wiederholst.

MYTHOS #3: LIEBE IST DOCH EH NUR EINE CHEMISCHE REAKTION … MIT ANDEREN WORTEN: HUMBUG.
Wer so redet, hat keine Lust auf monogame Beziehungen. Sex ist für ihn nicht mehr als Sport und es geht darum, möglichst viele möglichst gute Partner zu finden.

Nun, natürlich finden chemische Reaktionen statt. Das heißt aber nicht, dass diese Reaktionen keine Funktion hätten. Im Gegenteil: Gott hat sich diese Reaktionen ausgedacht, um Sex zu etwas Kraftvollem zu machen und unsere exklusiven Ehen damit zu segnen und zu stärken.

Lass mich dir jetzt ein paar Player vorstellen, die in deinem Sexleben gehörig mitmischen: die Neurochemicals Dopamin, Oxytocin und Vasopressin.

DOPAMIN

Dopamin ist ein überwiegend erregend wirkender Neurotransmitter. Im Volksmund wird es auch als Glückshormon bezeichnet. Es bewirkt, dass wir uns gut fühlen, nachdem wir etwas Aufregendes getan oder erlebt haben. Dopamin hat einen starken Einfluss auf unser Verhalten, denn es ist eine Art Belohnung, die unser Gehirn ausschüttet.

DU FÜHLST DICH EINFACH GLÜCKLICH UND VOLLER ENERGIE.

Dein Körper merkt sich dieses Hochgefühl und es setzt eine Art Rückkopplung ein, die dich dazu motiviert, genau diese Dinge zu wiederholen. Es belohnt uns zum Beispiel auch, wenn wir aufregende Entscheidungen treffen, Risiken eingehen, etwas Neues wagen und ausprobieren. Und damit ist Dopamin auch ziemlich wichtig für unser Sexleben. Allerdings verhält sich Dopamin wertneutral. Es entscheidet nicht, ob dein Verhalten oder deine Entscheidungen gut oder schlecht für dich waren. Das ist der Grund, warum sich eigentlich schlechte Entscheidungen oder ungesunde Risiken dennoch gut anfühlen können. Beispielsweise wird auch der Konsum von Drogen einen Dopaminrausch auslösen. Auch wenn du Extremsituationen erlebst, kann dabei Dopamin ausgeschüttet werden. Deswegen kann Extremsport wie eine Droge wirken. Das Problem ist, dass wir Menschen uns schnell anpassen und auch an extreme Aktivitäten gewöhnen können. Deswegen braucht es immer einen noch krasseren Kick, ein noch größeres Risiko oder eine stärkere Dosis, damit der gleiche Dopaminkick ausgelöst wird.

Vor Kurzem war ich mit meiner Familie im Urlaub in Kroatien. Meine beiden Jungs und ich haben uns ein paar Klippen gesucht, von denen wir ins Meer springen konnten. Nachdem wir den perfekten Spot gefunden hatten, standen wir voller Adrenalin auf der Klippe. Um die Tiefe des Wassers zu testen, bin ich zuerst aus einer Höhe von etwa drei Metern gesprungen. Alles gut, das Wasser war tief genug. Also ging es immer höher hinauf und immer tiefer runter. Meine Jungs mutig hinterher. Als wir am Ende ein paarmal vom höchsten Spot, der etwa zehn Meter über das Meer hinausragte, gesprungen sind, hat unser Körper uns mit reichlich Dopamin belohnt. Das war geil.

Als wir zwei Tage später Franzi und die Mädels zu der Klippe mitgenommen haben, weil wir den Frauen natürlich unsere Heldentat zeigen mussten, war für mich der Nervenkitzel schon nicht mehr ganz so aufregend.

Dieser biologische Prozess kann uns Männer schnell in Verhaltensmuster und Aktivitäten führen, in denen wir immer wieder diesen Dopaminrush suchen und bereit sind, immer risikoreichere oder ungesündere Handlungen durchzuführen.

Dasselbe passiert in unserem Sexleben und zum Beispiel auch beim Konsum von Pornografie. Sex ist einer der stärksten Auslöser für die Dopamin-Belohnung. Da Dopamin wertneutral ausgeschüttet wird, kann es dich, wenn du es nicht kontrollierst und steuerst, in die Abhängigkeit von immer mehr ungesunden und extremen sexuellen Aktivitäten führen. Im Rahmen einer gesunden Ehe mit einem leidenschaftlichen Sexleben wird Dopamin dein Verlangen in dir darin bestärken, mit deiner Frau immer wieder schönen, aufregenden und erfüllenden Sex zu erleben und neue Dinge auszuprobieren.

Sex ist Dope pur!

OXYTOCIN

Oxytocin ist ein Hormon, das dir ermöglicht, eine Bindung zu deinem Partner aufzubauen. Es wird oft auch das Bindungshormon genannt. Männer und Frauen haben dieses Hormon. Allerdings kommt es bei Frauen häufiger zum Einsatz – beispielsweise beim Stillen – als bei Männern.

Dieses Hormon ist wirklich der Knaller:[7]

- Es verstärkt die Aufmerksamkeit für soziale Reize.
- Oxytocin erhöht das Vertrauen.
- Es beruhigt und macht uns stressresistent.
- Oxytocin hilft Paaren, Konflikte harmonischer auszutragen.
- Oxytocin steigert die Selbstheilungskräfte des Menschen.
- Oxytocin schweißt zwei Menschen förmlich zu einer Einheit zusammen, die füreinander einstehen und füreinander kämpfen.
- Das Hormon reduziert Angst.
- Wird es regelmäßig ausgestoßen, halten die Effekte wochenlang an – selbst wenn es dann eine Weile nicht mehr ausgestoßen wird.

Und jetzt kommts: Oxytocin wird ausgeschüttet, wenn wir Sex haben. Das heißt: Sex schweißt zwei Menschen zusammen. Er macht sie ruhiger und hilft ihnen, den Alltag besser zu bestehen. Er hilft ihnen dabei, Konflikte zu lösen und mutige Entscheidungen zu treffen. Und das alles ganz besonders dann, wenn zwei Menschen regelmäßig miteinander schlafen. Hammer, oder?

!

Einen Leckerbissen hätte ich noch: Ehepartner mit einem erfüllenden Sexualleben leben gesünder. Sie haben beispielsweise ein besseres Immunsystem und Wunden heilen schneller im Gegensatz zu Paaren in konfliktreichen Beziehungen mit nicht erfüllendem Sexualleben. Das fanden Dr. Janice Kiecolt-Glaser und ihr Team von der Ohio State University heraus.[8]

Auf biochemischer Ebene verbirgt sich hier also das Geheimnis für lebenslangen leidenschaftlichen Sex im exklusiven und sicheren Rahmen einer Ehe. Das Interessante dabei ist: Gelebter Glaube verstärkt die Produktion von Oxytocin.[9] Das ist ein biologisches Zeichen dafür, dass Körper, Geist und Seele tatsächlich eine Einheit sind. Sex stärkt die Ehe, eine gute Ehe macht Sex besser und die positive Wirkung von beidem ist umso stärker, wenn ihr euer geistliches Leben gemeinsam im Alltag lebt.

Natürlich ist auch die Ausschüttung von Oxytocin wertneutral. Das Hormon überlegt sich nicht, ob es deinen aktuellen sexuellen Kontakt gut findet und diese Verbindung unterstützen möchte oder nicht. Oxytocin wird freigesetzt, egal, ob es sich dabei um einen One-Night-Stand oder die Hochzeitsnacht handelt. Durch Sex entsteht eine starke Bindung. Diese Bindung kann sogar der Grund sein, warum wir manchmal in destruktiven Beziehungskonstellationen verharren, in denen wir ausgenutzt oder sogar missbraucht werden. Diese chemische Bindung kann der Grund sein, warum manche Menschen sogar immer wieder die gleichen Beziehungenstypen suchen und scheinbar ein Arschloch-Magnet sind.

Eine durch Oxytocin verstärkte Bindung lässt sich nicht so schnell wieder lösen. Wenn die Beziehung nun aber in die Brüche geht, hinterlässt das tiefe Spuren und schmerzvolle Emotionen. Zwar lassen sich neue Synapsen bilden; das braucht aber Zeit und neue Erfahrungen.

Am Anfang des Buches habe ich dir ein bisschen von meiner Geschichte erzählt. Vielleicht erinnerst du dich, dass ich mit meiner damaligen Freundin voreilig ins Bett gestiegen bin. Dadurch wurde Oxytocin bei uns beiden ausgeschüttet, was unsere Bindung neurochemisch verstärkt hat. Als die Beziehung zu Bruch ging, hat mich das natürlich sehr verletzt. Wir haben acht Monate gebraucht, um uns gesund zu trennen, und mein Prozess der Heilung hat weitere vier Monate gedauert. Gott hat mein Herz und mein Gehirn letztendlich geheilt und mich wieder fähig gemacht, eine tiefe Verbindung zu meiner jetzigen Frau aufzubauen und mich ihr voll und ganz anzuvertrauen.

Jedes Mal wenn eine Beziehung zerbricht, in der die beiden Partner körperlich intim geworden sind und miteinander geschlafen haben, zerbricht eine Verbindung, die durch Oxytocin verstärkt wurde. Je länger die Beziehung war, desto mehr Erinnerungen konnten sich ansammeln.

DIESER ZERBRUCH ERKLÄRT DEN OFTMALS SEHR SCHMERZHAFTEN TRENNUNGSPROZESS.

Die Forscher Dr. John Diggs und Eric Keroack stellen gar die These in den Raum, die Ausschüttung von Oxytocin würde mit wechselnden

Beziehungen abnehmen.[10] Sie vergleichen den Prozess mit einem Klebeband, das man immer und immer wieder aufklebt und wieder ablöst. Irgendwann verliert das Klebeband seine Kraft. Die beiden wollen damit sagen, dass viel Sex mit vielen verschiedenen Partnern dazu führe, dass irgendwann kein Oxytocin mehr ausgeschüttet werde und Menschen dementsprechend Schwierigkeiten hätten, sich zu binden.

Zwar ist diese These nicht belegt,[11] doch können wir so etwas im Alltag durchaus beobachten. Die erste Trennung tut noch weh, die zweite auch. Aber Menschen, die in immer kürzeren Abständen ständig ihre Sexualpartner wechseln, spüren dabei irgendwann keine Schmerzen mehr. Ich glaube, dass Menschen, die schon oft Zerbruch erleben mussten, diese Erfahrungen in ihrem Gehirn abgespeichert haben und sich deswegen nur schwer auf neue Beziehungen einlassen können.

EIN LEBENSMUSTER VON ZERBROCHENEN BEZIEHUNGEN SCHÄDIGT UND BEEINTRÄCHTIGT EINE DER WICHTIGSTEN FÄHIGKEITEN, DIE UNS MENSCHEN AUSMACHEN: DIE FÄHIGKEIT, EINE TIEFE EMOTIONALE UND INTIME VERBINDUNG ZU EINER ANDEREN PERSON AUFZUBAUEN. DIESE BINDUNGSFÄHIGKEIT IST GRUNDLEGEND FÜR EINE GLÜCKLICHE UND LEBENSLANGE LIEBE.

VASOPRESSIN

Auch wenn Oxytocin bei Frauen häufiger ausgeschüttet wird als bei Männern, kommen wir bei den Neurotransmittern nicht zu kurz. Denn wir haben einen anderen wichtigen Verbündeten: Vasopressin.

Vasopressin hat eine ähnliche Struktur und zum Teil eine ähnliche Wirkung wie Oxytocin und wird deshalb auch als das Monogamiehormon bezeichnet. Neben vielfältigen anderen Aufgaben sorgt auch Vasopressin dafür, eine enge Verbindung zwischen zwei Menschen zu erzeugen. Im Rahmen einer Ehe ist die Kombination aus Oxytocin, Vasopressin und Dopamin also ein leckerer Liebescocktail.

Und natürlich ist auch Vasopressin wertneutral. Es stärkt unsere Bindung zu einer Frau, mit der wir sexuell intim sind, auch dann, wenn es nur eine kurzfristige Beziehung ist. Sogar dann, wenn es eine ungesunde destruktive Beziehung ist. Ich war mit einem jungen Mann befreundet, der mit seiner Freundin Sex hatte. Allerdings hat sie ihn immer wieder mit andern Männern betrogen. Dennoch war seine Bindung zu ihr so stark, dass er einfach nicht von ihr losgekommen ist und sich in der Beziehung immer wieder hat verarschen lassen. Das lag sicherlich zum Teil an all dem Vasopressin und Oxytocin, das seine Bindung zu ihr gestärkt und ihn auch blind für die Realität gemacht hat.

Auf der anderen Seite kenne ich Männer, die sich unfähig fühlen, eine innige Verbindung zu einer Frau aufzubauen, mit der sie Sex haben. Könnte es daran liegen, dass ihr Gehirn bereits darauf getrimmt ist, ständig die Sexpartnerinnen zu wechseln, und gar kein oder nur noch wenig Vasopressin oder Oytocin ausgeschüttet wird? Was dann vom Sex noch übrig bleibt, ist ein bisschen Dopamin oder ein kurzer Orgasmus-Kick, der aber auch immer schwächer wird und weit hinter den eigentlichen Möglichkeiten von sexueller Erfüllung und leidenschaftlicher lebenslanger Liebe zurückbleibt.

Das ist schade und absolut nicht das, was Gott sich für dein Liebes- und Sexleben gedacht hat. Das Gute ist, dass Gott diese Fehlprogrammierung des Gehirns reparieren kann. Wenn du dich nicht mit dieser Art von Sex zufriedengeben und das volle Potenzial deines Sexlebens ausschöpfen möchtest, dann lies weiter. Lass mich dir im nächsten Kapitel beschreiben, was Gott in der Bibel über Sex sagt.

BE A **MISSIONARY** EVERYDAY?

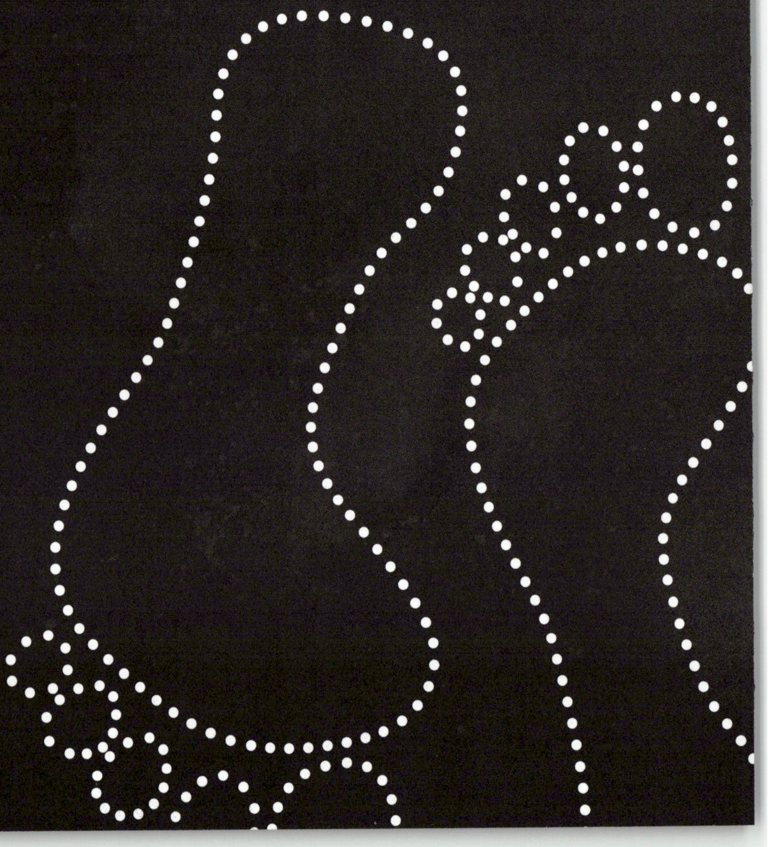

4.0 SEX UND EROTIK IN DER BIBEL

Stell dir mal ein X-Men-Battle vor. Auf der einen Seite Magneto, der Mann, dem Metall gehorcht, und auf der anderen Seite Xavier, der Gedanken kontrollieren kann. Magneto braucht einen Schutzhelm, um sich vor Xavier schützen zu können. Xavier dagegen muss auf Waffen aus Metall verzichten. Magneto könnte sie einfach so zum Schmelzen bringen.

UND DANN KÄMPFT NOCH SATAN MIT.

Er erzählt Magneto und Xavier einfach, sie seien Nieten. Ihre Spezialfähigkeiten seien eingebildet und bestenfalls dazu nütze, Mathenachhilfe zu geben oder Kunsthandwerk herzustellen.

So ist das mit Satan. Im Vergleich zu Xavier und Magneto kann er nichts. Er ist absolut kein Superheld. Aber lügen kann er ziemlich gut. Einer seiner liebsten Tricks: Er gibt uns miese Kopien von hervorragenden Dingen und behauptet, seine Kopien wären besser als das Original. Er hält dir einen mehligen, braunen Apfel hin und redet dir ein, den saftigen, knackigen Apfel daneben lieber liegen zu lassen.

Und genauso macht er es auch mit Sex. Er bietet uns Pornografie, Prostitution, Vergewaltigung, Erniedrigung, Verklemmtheit, Beliebigkeit. Dabei könnten wir frischen, heiligen, aufregenden Sex haben – Gott wäre begeistert davon. Der Teufel aber behauptet, den richtig guten Sex gäbe es nur bei ihm. Für Christen sei der aber leider viel zu sündhaft.

Der Teufel versucht uns zu täuschen und zu berauben.

Das ist eine absolute Meisterlüge. Gott hat Sex erfunden. Und deswegen weiß nur er, was wirklich geil ist. Er hat The Real Thing für dich und er wartet darauf, dass du nicht mehr der Kopie des Teufels hinterherhechelst. Weißt du, was uns einen Hinweis darauf gibt, dass Gott sich sehr gut mit Sex auskennt? Die Bibel. Und das will ich dir in diesem Kapitel zeigen. Ich glaube, wenn du verstehst, dass Gott wirklich alles kennt, was mit Sex zu tun hat, dann wird deine Bereitschaft wachsen, ihm zu vertrauen.

PENISSE, SO GROSS WIE BEI ESELN

Fangen wir mit was Deftigem an.

Gott erzählt Hesekiel – einem seiner Propheten im Alten Testament – die Geschichte von Ohola und Oholiba, zwei Schwestern, die ihre Körper verkauften. Bereits in ihrer Jugend ließen sie irgendwelche Männer ihre Brüste begrapschen. Sie sehnten sich nach stattlichen Offizieren in schicken Uniformen, am liebsten hoch zu Pferd. Sie schauten sich Bilder von Männern an und verzehrten sich dann nach ihnen. Sie sehnten sich nach Männern, deren Penisse so groß wie die von Eseln waren und deren Samenerguss so mächtig war wie der von Pferden. Die ganze Geschichte kannst du in Hesekiel Kapitel 23 nachlesen.

Vielleicht hast du eine harmlosere Übersetzung, etwa Luther. Dann steht da etwas von Rute und Brunst. Aber die Gute Nachricht, die katholische Einheitsübersetzung, Neues Leben und die neue evangelistische Übersetzung gebrauchen die Worte Penis, Glied und Samenerguss.

Die Geschichte ist ein Bild auf die Schwesternationen Israel und Juda, die sich mit den umliegenden Nationen einließen und deren Götter anbeteten. Der Gott der Bibel verwendet hier eine solch deftige Sprache, damit die Leute ihm zuhören und ihn verstehen. Vielleicht war auch Hesekiel einfach ein Typ, den man mal etwas provozieren musste. Hesekiel hat nämlich noch allerhand andere grenzwertige Dinge getan. Zum Beispiel Brot auf Menschenscheiße gebacken.

Wie auch immer. Der Urheber des Buches hat was zum Thema Sex zu sagen und kennt sich aus. Das angeblich sündhafte Thema Sex wird aus dem heiligen Buch nicht ausgeklammert. Die Bibel ist inspiriert vom Schöpfer, von Gott, der uns so gemacht hat, dass Geschlechtsverkehr überhaupt möglich ist. Er hat uns unsere Sexualität geschenkt und wir dürfen sie genießen. Aber genauso können wir sie auch missbrauchen.

DIE ANATOMIE DER VERFÜHRUNG

Die Kapitel 5 bis 7 der gesammelten Sprüche von König Salomo und anderen weisen Männern hat genau das zum Thema: Du darfst deine Sexualität genießen, kannst sie aber auch missbrauchen. Zum Beispiel, wenn du Sex außerhalb des Ehebundes hast. Und damit hinterher keiner jammert und sagt: Aber ich wollte doch gar nicht, ich wurde verführt, ich kann gar nix dazu, stellt die Bibel hier klar: Auch zum Verführen gehören zwei. Einer verführt, der andre geht drauf ein.

Im Buch Sprüche hat die Frau die Rolle der Verführerin, die mit Worten und den Reizen ihres Körpers einen Mann lockt. Insbesondere in Kapitel 7, Verse 10 bis 21 wird die Kunst der Verführung geschildert. Das kann aber noch so kunstvoll sein – Verführung ist dennoch kein Unfall, der einfach so geschieht. Verführung bahnt sich an. Und ohne dass du ihr nachgehst, kann nichts passieren. Das tust du, indem du den Stripschuppen betrittst oder indem du bestimmte Seiten im Internet aufrufst. Auch deine Kollegin findest du nicht plötzlich scharf. Der eigentlich Akt ist nur der letzte von vielen Schritten. Das alles hast du lange in deinem Kopf vorbereitet. In Gedanken hast du die Ehe längst gebrochen.

Sprüche 7,6-9 beschreibt, wie töricht es ist, sich in diese Versuchung zu begeben. Die einzig richtige Reaktion ist: fliehen. Raus da! So schnell es geht. Die Verbindung zum Internet kappen, Stromkabel ziehen, Fußball gucken, Freunde anrufen, beten.

Sprüche 6,15-20 gibt noch einen anderen Tipp, der allerdings nur funktioniert, wenn du bereits verheiratet bist: Labe dich am Körper deiner Frau. Sag dir nicht immer: Meine Kollegin ist so heiß. Sag lieber: Meine Frau ist viel heißer. »Die liebliche Hirschkuh und anmutige Gämse.« Wie, du findest Kose- und Tiernamen blöd und wenn, dann bitte Bärchen oder Spatzi? Mir egal. Die Brüste deiner Ehefrau, wie auch immer du sie nennst, sollen dich berauschen, in der Liebe deiner Frau sollst du taumeln. Und dann hast du natürlich auch keinen Grund mehr, den Busen einer anderen zu suchen.

MYTHOS #4: APPETIT HOLT MAN SICH AUF DER STRAẞE, ABER GEGESSEN WIRD ZU HAUSE.
O.K., ich gebe zu: Wenn dich die Lust überkommt oder dir nun mal zehn heiße Bräute über den Weg laufen, ist es definitiv besser, mit deiner Frau zu schlafen, als dir einen Porno reinzuziehen oder fremdzugehen.

Aber deinen Appetit solltest du dir trotzdem nicht auf der Straße holen. Wenn du eine Frau begehrlich ansiehst, hast du die Ehe nämlich bereits gebrochen.

Warum ist das so? Weil es nicht um schnöde Gesetze geht. Mann, es geht um deine Herzenshaltung! Höre auf damit, andere Frauen zu begaffen. Schau weg. Fliehe vor der Versuchung. Die andere ist nicht deine Frau. Und nur weil sie nicht vollverschleiert oder im Kartoffelsack rumrennt, heißt das nicht, dass du sie mit deinen Blicken abtasten darfst.

Wusstest du, dass dein Hirn nicht unterscheiden kann zwischen Dingen, die tatsächlich passiert sind, und solchen, die du dir nur vorgestellt hast? Deswegen können Hirnforscher mittlerweile falsche Erinnerungen in die Gehirne von Mäusen einpflanzen.[12] Wenn ein Sportler den Ablauf der Rennstrecke oder den Bewegungsablauf beim Elfmeterschießen im Kopf immer wieder durchgeht, hat das eine ähnliche Wirkung, wie wenn er es tatsächlich trainieren würde. Unsere Vorstellungskraft ist mächtig. Und wenn du in deinem Kopf die Frau deines Nächsten abtastest, ausziehst, mit ihr Sex hast – und das auch noch mehrfach, dann ist der Unterschied zu einer echten Tat nicht groß. Dann läufst du bereits zur Schlachtbank.

WAHRE SCHÖNHEIT

Das Hohelied Salomos ist eine Sammlung von Liebesliedern. Sie alle drehen sich um Salomo, um eine Frau namens Suleiken und um einen Hirten. Es ist ein Lied voller Erotik und Romantik. Manche verstehen das Buch als Beschreibung der Beziehung zwischen Jesus und seiner Gemeinde. Das liegt in gewisser Weise nahe. Denn Jesus bezeichnet sich selbst im Neuen Testament immer wieder als Bräutigam und die Gemeinde als seine makellose Braut. Auch in der jüdischen Tradition wurde der Text dahingehend interpretiert, dass die Beziehung zwischen Gott und den Menschen gemeint ist. Und aus diesem Grund wurde der Text auch in den jüdischen Kanon aufgenommen.

Vielleicht ist das Hohelied also ein Geheimnis, ein großes Rätsel, dem man allerhand Informationen über Jesus und seine Gemeinde abringen kann. Langes Bibelstudium enthüllt die Bedeutung der übermäßig lyrischen und bildhaften Sprache. Kann sein. Fest steht aber: Da sind zwei Liebhaber vom Körper des anderen betört und versuchen, genau das in Worte zu fassen. Unabhängig von der tatsächlichen Bedeutung hat der Verfasser die Worte gewählt, die er eben gewählt hat. Und diese Worte triefen nur so vor Sex und Erotik.

Im Hohenlied sind zwei Liebhaber vom Köper des anderen betört und versuchen, dafür Worte zu finden.

Was aber, wenn hinter dieser Liedersammlung eine noch viel tiefere Wahrheit steckt? Wenn beide Interpretationsweisen richtig sind? Ich glaube, das Hohelied beschreibt die echten Gefühle echter Menschen; es beschreibt echte Körper und echte Erotik. Gleichzeitig illustriert der Text aber auch die Beziehung zwischen Gott und dem Menschen und zwischen Jesus und seiner Gemeinde.

Ich möchte dir nun ein paar Stellen zeigen, die für mich echte Highlights sind: In Kapitel 3, Vers 1 spricht Suleiken von dem, »den meine Seele liebt« (ELB). Das ist einerseits distanziert. Sie spricht, als stünde es nicht in ihrer eigenen Macht, wen ihre Seele liebt. Genau das schafft aber gleichzeitig Intimität. Denn was könnte tiefer greifen als die Seele? Aus ganzer Seele liebt sie ihn.

Das ist die Art von Liebe, wie ich sie in diesem Buch immer wieder beschreibe. Und das ist die Art Liebe, von der Paulus im 1. Korintherbrief in Kapitel 13 schreibt. Es ist eine bedingungslose Liebe. Eine Liebe, die auf Dauer nur dann funktioniert und existiert, wenn sie auf Gegenseitigkeit beruht und in Gnade und Wahrhaftigkeit eingebettet ist.

In Kapitel 4, Vers 7 (ELB) beschreibt Salomo die Schönheit seiner Freundin:

»ALLES AN DIR IST SCHÖN, MEINE FREUNDIN, KEIN MAKEL IST AN DIR.«

Interessant ist, dass Suleiken sich selbst im ersten Kapitel in den Versen 5 und 6 zwar ebenfalls als schön, aber auch als dunkel oder braun gebrannt beschreibt. Und das war damals durchaus ein Makel, wie auch noch im England des 19. Jahrhunderts.

Suleiken ist braun gebrannt, weil sie draußen war bei den Schafen und in den Weinbergen. Wer reich war, musste eine solche Arbeit nicht verrichten und konnte es sich leisten, im Schatten zu bleiben, sich auszuruhen und sich mit kostbaren Salben und Ölen zu pflegen. Beispielsweise die Jungfrauen, die König Xerxes im Buch Esther mustert, wurden erst ein ganzes Jahr lang in ihrer Schönheit gepflegt, bevor sie ihm vorgeführt wurden. Die waren sicherlich nicht braun gebrannt. Heute gilt das Gegenteil: Wer reich ist, kann es sich leisten, faul in der Sonne zu liegen und in einen gleichmäßigen Teint zu investieren.

Heißt das etwa, der Schlingel Salomo sagt die Unwahrheit? Ist er nichts weiter als ein alter Schmeichler?

Nun, vielleicht drückt er auch eine tiefere Wahrheit aus, die er eben so empfindet. Eine Wahrheit, die für ihn gilt: Du bist mir die Schönste, denn ich finde keinen Makel an dir.

Ich sage damit nicht, dass dein Geschmack keine Rolle spielen darf, wenn du eine Frau kennenlernst. Natürlich solltest du auch ihren Körper schön finden. Echte Liebe geht aber weit über die körperliche Attraktivität hinaus. Sie geht tiefer.

So wie es Salomo eben getan hat.

Es ist gut, wenn wir unsere Partnerin attraktiv finden und ihr das sagen. Wenn wir frisch verliebt sind, ist das üblicherweise ziemlich einfach. Aber später, wenn der ganze Zauber verflossen ist? Wenn wir geheiratet haben und unsere Partnerin nackt gesehen haben? Wenn der Sex die Magie der ersten Aufregung verloren hat? Sag ihr trotzdem, dass sie schön ist – und meine es auch so.

Und jetzt pass mal auf! Sieh dir an, wie sie von ihm spricht. Zum Beispiel in Kapitel 5, so ab Vers 9. Sie lobt ihn vor ihren Freundinnen. Sie verzehrt sich nach ihm. Fändest du das gut? Dass deine Frau vor ihren Freundinnen von dir schwärmt? Dass sie sich nach dir sehnt und kaum erwarten kann, bis du nach Hause kommst?

Natürlich fändest du das gut. Das ist eine Form der Ehre und eine Sprache der Liebe, die fast alle Männer recht gut verstehen. Öffentliche Anerkennung, Ehre und Lob. Schwärmerei: Mein Mann ist der Allerbeste, superstark, ein echter Kerl, schaut gut aus und ist unschlagbar im Bett.

Das Geheimnis hinter diesen Stellen ist folgendes: Sprecht Wahrheiten übereinander aus. Ganz privat und in aller Öffentlichkeit. Lobt einander, schwärmt füreinander und ehrt einander.

MEIN KÖRPER GEHÖRT DIR

In 1. Korinther 7,4-5 steht, dass deine Frau über deinen Leib verfügt. Moment mal, ist es nicht genau andersrum? Jeder hat doch das Recht über seinen Körper? Die Frau über ihren Körper und ich über meinen? Wir leben doch im Zeitalter der Selbstbestimmung!

Kann schon sein, dass das vernünftige Gedanken sind. Aber wenn dein Körper nur dir gehört und du im Zentrum stehst, ist der Weg nicht weit, dir das zu nehmen, was du eben brauchst, damit es dir und deinem Körper gut geht. Daraus leitet sich ab, dass Sex dazu da ist, dir zu dienen. Das ist Egosex. Der Körper des anderen ist im Optimalfall dazu da, Lust zu erregen und Lust zu befriedigen. Deswegen gibts letztendlich Pornos, Stripschuppen, Prostitution – und auch Vergewaltigung.

Sex, der nur dir selbst dient – das ist Egosex!

Du kannst allerdings einen Unterschied machen und das biblische Prinzip wählen: Schenke du deiner Frau deinen Körper. Ohne Abhängigkeit. Sex ist dazu da, ihr zu dienen. Es geht um ihren Orgasmus, nicht um deinen.

SEX IST DAZU DA, DASS SIE SICH ENTSPANNEN, FALLEN LASSEN, FREI FÜHLEN KANN. ER SOLL IHR ZUM SEGEN WERDEN.

Du kannst diesen Vers auch weit über Sex hinaus verstehen. Solltest du sogar: Du arbeitest mit deinem Körper für deine Frau, du bringst dich bei euch zu Hause ein. Du machst die Dinge, die sie nicht schafft und noch viel mehr.

Ja, ich weiß: Da steht auch, dass der Leib deiner Frau dir gehört. Aber das kannst du nicht einfordern und dir nicht einfach nehmen. Denn dann würde deine Frau sich dir nicht mehr schenken. Sondern lediglich deinem Druck nachgeben.

Paulus argumentiert, dass Partner gegenseitig dafür sorgen sollen, dass der andere sexuell nicht zu kurz kommt. Das bedeutet aber nicht, dass du das Recht hast, über ihren Körper zu bestimmen. Der eine soll eben nicht den Leib des anderen nehmen und seine Lust damit befriedigen. Aber Ehepartner sollen sich einander auch nicht entziehen, sondern sich gegenseitig hingeben und befriedigen, damit keiner in Versuchung gerät.

Und auch das kannst du wieder über die Grenzen der Sexualität hinaus verstehen. Zeige deiner Frau deine Liebe und Wertschätzung, insbesondere als Liebhaber im Alltag, der zu Hause fleißig ist. Warum? Damit sie nicht in Versuchung gerät. Die Versuchung mag anders ausgestaltet sein als bei dir. Aber Paulus hatte schon recht: Mehrere Studien haben bestätigt, dass Frauen deswegen fremdgehen, weil sie sich von ihrem Mann nicht beachtet fühlen. Und ein anderer häufiger Grund für einen Seitensprung ist, dass Männer ihren Frauen nicht ausreichend beim Haushalt geholfen haben. Also: Verschenke deinen Leib, diene ihr! Nicht nur im Bett, sondern auch im Haushalt.

Männer, die nicht im Haushalt mitarbeiten, gefährden die Beziehung. Nicht nur weil es einfach assi ist, seiner Partnerin die ganze Arbeit zu überlassen und sie sich so sicherlich nicht übermäßig geliebt fühlen wird.

Nein, auch weil mangelnde Hilfe im Haushalt einer der Topgründe für Seitensprünge der Frauen ist. Das fand die französische Datingwebseite Gleedon heraus.[13]

EROTIK ALS GESCHENK GOTTES

Der Sex, der in der Bibel als erstrebenswert geschildert wird, also das erfüllte Sexualleben zwischen Ehemann und Ehefrau, ist tatsächlich ein Abbild der Beziehung zwischen Gott und den Menschen. Genau wie im Hohelied des Königs Salomo oder in der Geschichte der beiden Schwestern, die Hesekiel weitererzählt. Sex ist ein prophetisches Bild. Nicht weil einer von euch ein Gott ist und der andre ein armer Sünder. Sondern weil ihr in diesem Akt eins werdet, weil ihr euch mit Liebe segnet und pure Intimität genießt. Genau wie Gott mit den Menschen eine intime Beziehung führen will. Er möchte eins werden mit uns und möchte uns beschenken.

Gott hätte Sex auch langweilig machen können. Um die Fortpflanzung zu sichern, hätte unser Sexualtrieb gereicht. Gott hätte es zum Beispiel so machen können, dass der Mann emotionslos seinen Samen über die Eier pinkelt, die die Frau in einem Brutkasten in der Ecke ablegt.

Gott hätte Sex auch langweilig machen können – hat er aber nicht!

ABER GOTT HAT SEX SO GEMACHT, WIE ER IHN EBEN GEMACHT HAT, WEIL ER UNS DAMIT BESCHENKEN WILL. HAMMER, ODER?

DU
WILLST
ES?
DU
KRIEGST
ES!

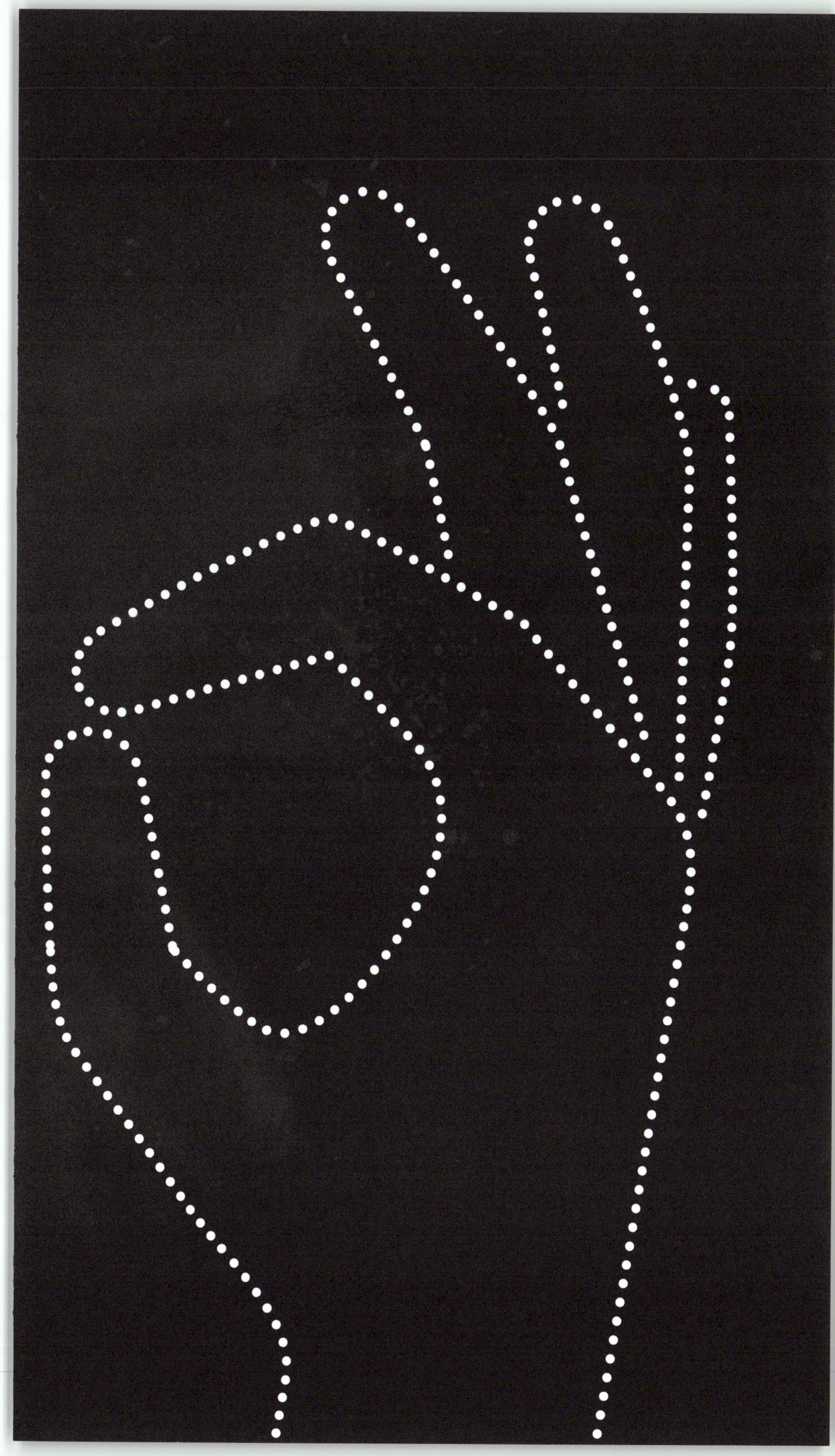

5.0 GROßARTIGER SEX

Ich bin etwas lesefaul. Wenn ich ein Buch in die Hand nehme, scanne ich erst mal durch das Inhaltsverzeichnis und springe dann direkt zu dem Kapitel, das mich am meisten anspricht. Wenn mich dieses Kapitel überzeugt, nehme ich mir auch die Zeit, das restliche Buch zu lesen. Kennst du das? Immer wenn ich ein Buch über Ehe oder Beziehungen gelesen habe, habe ich mich zuerst auf das Kapitel über Sex gestürzt. Et voilà – hier sind wir.

Wenn du bei diesem Kapitel einsteigst, kann ich dich voll verstehen. Großartiger Sex – das ist es, was wir wollen. Allerdings werden allein die Sachen, die ich in diesem Kapitel beschreibe, nicht reichen, um den besten Sex deines Lebens zu bekommen. Um das ganze Potenzial deines Sexlebens zu entfalten, solltest du dringend auch den Rest des Buches lesen.

Aber egal, ob du direkt hier einsteigst oder von vorne bis hierher alles durchgelesen hast, habe ich hier eine Frage an dich:

Was ist für dich richtig guter Sex? Leg das Buch ruhig eine Weile zur Seite und denk darüber nach.

Hast du eine konkrete Vorstellungen? Wenn du schon Sex hattest: Ist eines deiner Erlebnisse ein Idealbild? Und wenn du noch keinen hattest: Wie stellst du dir Sex vor?

Von dem einmaligen Sexakt mal abgesehen: Wie sieht ein richtig gutes Sexleben aus? Wie oft müsstest du Sex haben? Wann? An welchen Orten? Für die allermeisten ist ihr Sexleben dann gut, wenn sie den Sex bekommen, den sie wollen – und zwar immer dann, wann sie ihn gerade wollen. Eventuell noch mit jeweils der Person, die sie gerade begehren.

Einfacher gesagt: Die allermeisten von uns wünschen sich viel Sex mit bombastischen Höhepunkten.

Und genau das möchte ich jetzt infrage stellen.

O.K., keine Angst, ich möchte deine Ansprüche nicht herunterschrauben. Ich möchte sie aber verändern. Ich werde auf keinen Fall sagen, dass ihr bereits dann guten Sex habt, wenn deine Frau und du einmal im Jahr Geschlechtsverkehr miteinander habt. Ablauf irrelevant. Lies dir noch mal das Kapitel »Dein sexuelles Abenteuer« zur Vision durch. Passt das zusammen? Nein, tut es nicht!

Ich will den Maßstab nicht senken. Im Gegenteil. Ich will ihn heben – dir aber zeigen, wie du ihn dennoch erreichen kannst. Die Qualität deiner Orgasmen und die Häufigkeit derselben haben natürlich enorm damit zu tun, ob du dein Sexleben gut findest. Aber dieser Maßstab ist eben zu tief angelegt. Es ist nicht der entscheidende Maßstab.

VIEL WICHTIGER IST DIE FRAGE: WAS BLEIBT HINTERHER?

Hat der Sex euer Vertrauen und eure Intimität gestärkt? Hat er Gefühle der Freude aneinander und eure Liebe verstärkt? Liegt ihr euch hinterher in den Armen und genießt einfach die Nähe des anderen? Ist euer Herz mit Dankbarkeit Gott gegenüber erfüllt für dieses wunderbare Geschenk, das er eurer Ehe gemacht hat?

Ich glaube, dass Gott sich etwas Geniales ausgedacht hat, als er Sex erfunden hat. Großartiger Sex ist aus der Sicht Gottes etwas, was Ehepaaren Kraft gibt – ein Liebesgefühl und tiefe Verbundenheit mit einem Partner, die beiden zeigt: Ich bin nicht allein. Aus dieser Kraftquelle können Männer und Frauen schöpfen. Großartiger Sex ist noch so viel mehr als das Erleben eines bombastischen Höhepunkts.

Im Kapitel »Dein sexuelles Abenteuer« habe ich ein Zitat gebracht, das ich hier wiederholen möchte. Das schadet absolut nichts, denn es ist eine großartige Aussage des jüdischen Rabbiners Shmuley Boteach:

»Inmitten der ausgetrockneten und dürren Wüste des heute üblichen lieblosen, zufälligen und willkürlichen Sex gibt es eine kühle Oase mit beruhigendem und erfrischendem Wasser, das aus der intensiven, intimen menschlichen Begegnung hervorträufelt und ein Paradies glücklicher und leidenschaftlicher Romantik erschafft.«

Shmuley Boteach in »Koscherer Sex«

WENN DU DICH DANACH SEHNST, DANN LIES WEITER!

VOM EINZEL-KÄMPFER ZUM INTIM-PLAYER

5.1 GROSSARTIGER SEX BRAUCHT INTIMITÄT

Was tust du, wenn du besser Fußball spielen möchtest? Du trainierst. Du übst dribbeln und deine Schusstechnik, versuchst, zielgenaue Pässe zu schlagen, über immer größere Distanzen hinweg. Du musst aber auch an deiner Ausdauer arbeiten, an deinem taktischen Verständnis und an deiner mentalen Stärke.

Was tust du, um besser Gitarre zu spielen? Du übst. Du spielst Lieder nach, die du gern hast, und versuchst, die Soli der großen Meister nachzuahmen. Du lernst verschiedene Anschlagrhythmen und versuchst, deinen Blick vom Griffbrett zu lösen. Du musst aber auch ein Gefühl für Musik, ihre Dynamik und ihre Rhythmen entwickeln.

Was tust du, um besseren Sex zu haben? Du trainierst. Verschiedene Techniken, verschiedene Stellungen.

Ja, diese Aspekte spielen natürlich eine wichtige Rolle. Aber es gibt einige Dinge, die du gemeinsam mit deiner Ehefrau tun kannst, die zunächst einmal nichts direkt mit Sex zu tun haben. Diese Dinge sind nicht genauso wichtig – sie sind viel wichtiger und nicht nur eine Grundlage für großartigen Sex. Sie helfen euch auch dabei, eine bessere Ehe zu führen.

Der amerikanische Pastor Ted Cunningham sagt dazu: »Versuchen Sie nie, Ihr Sexleben zu verbessern. Arbeiten Sie stattdessen an Ihrer Wertschätzung füreinander sowie an der Sicherheit in Ihrer Beziehung.«[14] Guter Sex ist ein Nebenprodukt einer liebevollen Beziehung.

DIE WICHTIGSTE GRUNDVORAUSSETZUNG FÜR EIN GLÜCKLICHES, LEIDENSCHAFTLICHES UND EROTISCHES SEXLEBEN IST EXKLUSIVE INTIMITÄT.

Intimität ist körperliche und emotionale Verbundenheit. Je enger ihr körperlich und emotional verbunden seid, desto besser ist der Sex. Je weniger ihr verbunden seid, desto oberflächlicher ist er. Intimität ist etwas sehr Kostbares. Du kannst sie nicht kaufen. Sie ist nicht einfach so da. Sie muss wachsen und gepflegt werden. Und sie braucht Exklusivität.

EXKLUSIVITÄT ERMÖGLICHT INTIMITÄT.

Intimität ist keine Frauensache. Es bedeutet, sich dem anderen voll und ganz hinzugeben, sich ihm ohne etwas zurückzuhalten anzuvertrauen. Körperlich und emotional. Es ist der Zustand tiefster Vertrautheit. Ein Zustand, nach dem selbst wir Männer uns sehnen. Gott hat uns Männer dazu bestimmt, mit der Frau unseres Lebens eins zu werden, mit ihr seelisch und körperlich zu verschmelzen. Einen intimeren Zustand kann es nicht geben. Eine andere Voraussetzung für atemberaubenden Sex kann es nicht geben. Aber dieser Zustand muss exklusiv sein. Du kannst nicht mit zwei Frauen eins werden. In exklusiver Intimität liegt deswegen die Kraft deines Sexlebens verborgen.

Stell dir zwei Stücke Stoff vor, aus denen eine Jeans genäht werden soll. Mit einem starken Bindfaden werden die Stoffstücke zusammengenäht. Das Resultat: Sie sind fest miteinander verbunden und bilden eine belastungsfähige Einheit. Sie sind ein neues Kleidungsstück geworden. Der Faden ist das, was sie nach dem Nähen verbindet.

Dieser Faden beim Sex ist tiefe, emotionale Intimität. Der Geschlechtsakt ist das Nähen. Immer wenn du mit deiner Frau Sex hast, bleibt eine noch stärkere Verbindung. Aber Sex ohne diese Intimität ist wie Nähen ohne Faden.

Sex ohne Intimität ist wie Nähen ohne Faden.

Das macht zwar rein körperlich Spaß, aber es bleibt danach nichts übrig. Keine Verbindung, keine schicke Jeans. Andererseits: Wenn ihr mit Faden näht und dann die Stoffe mit Gewalt wieder auseinanderreißt, wird es schmerzhaft, und vielleicht zerstört ihr den Stoff dabei sogar.

Nun ist also die Frage, wie diese Verbindung entsteht und wie wir sie hegen und pflegen können.

VERTRAUEN AUFBAUEN, KONTROLLE ABGEBEN

Die wichtigste Grundlage für jegliche Form von Intimität ist Vertrauen. Es ist außerdem die Voraussetzung, um die Kontrolle abgeben zu können. Beides – Intimität und Kontrollverlust – helfen euch dabei, besseren Sex zu haben. Um im gegenseitigen Vertrauen wachsen zu können, gibt es drei Schlüssel:

- Wahrheit
- Liebe
- Gnade

Diese drei Schlüssel hängen maßgeblich miteinander zusammen und haben das Potenzial, Beziehungen zu kitten. Sie helfen euch aber nicht nur dabei, Vertrauen aufzubauen, sondern können auch eure Liebe immer wieder erneuern. Wahrheit, Liebe und Gnade ergänzen sich nicht nur gegenseitig, sie ermöglichen sich erst. Und alle drei zerbrechen, wenn nur eines zerbricht: Ohne Wahrheit werden Liebe und Gnade an Lügen und Heimlichtuerei zerbrechen. Ohne Gnade hat Wahrheit keinen Platz, sich zu entfalten. Und ohne Liebe sind Gnade und Wahrheit herzlose Werkzeuge, »tönendes Erz«. Wenn ihr eure Beziehung aber aus diesen drei Komponenten baut, wird sie ziemlich stabil. Sie wird zu einer Festung, die nicht nur Angriffe, Wind und Wetter, sondern auch viele, viele Jahre übersteht.

WAHRHEIT

Immer schön ehrlich sein, schon klar. Das gehört zu den ultimativen Tipps aller Standardansprachen im Standesamt. Lügen ist schlecht, wissen wir alle, danke. Du solltest mir dennoch zuhören, denn was ich meine, geht weit darüber hinaus. Was ich meine, ist nicht in erster Linie Ehrlichkeit, sondern Wahrheit in Bezug auf Meinungen, Wünsche, Gefühle und Überzeugungen. Und in Bezug auf Charakterschwächen.

In jeder Beziehung herrscht ganz automatisch eine gewisse Kraft der Wahrheit. Das gilt besonders für die Ehe, denn eine Ehe bringt zwei Menschen so eng zusammen wie sonst keine Beziehungsform.

Ihr seid im billigen Hotelzimmer und draußen herrscht mieses Wetter. Ihr steht stundenlang im Stau auf der Autobahn. Klebt bei endlosen Familienfesten aneinander. Du bist den Macken und Eigenarten des andern gnadenlos ausgeliefert. Selbst der kleinste Tick, den eigentlich jeder supercharmant findet, kann in der Enge einer Ehe zum Killer werden. Eine Ehe zeigt dir und deinem Partner, wer ihr seid.

Es geht allerdings nicht nur um die Dinge, die quasi von alleine oben auf der Suppe auftauchen. Es ist auch wichtig, selbst Dinge anzusprechen, die stören.

»ERMAHNT UND ERMUTIGT EINANDER TAG FÜR TAG …«

Hebräerbrief Kapitel 3, Vers 13 (HfA)

Aber jetzt stell dir das mal vor: Jeden zweiten Tag kommt deine Süße zu dir und listet auf, was du alles falsch gemacht hast und was sie alles an dir stört. Fändest du das gut? Ich glaube, dass sie nicht sehr lange deine Süße für dich wäre. Wenn die Person, die du liebst, dich ständig mit irgendwelchen unangenehmen Wahrheiten konfrontiert, kann dich das verletzen. Gerade weil du sie liebst. Und so wird Wahrheit zum absoluten Beziehungskiller. Denn das hält kein Mensch lange aus. Das Dumme ist: Egal, wohin du rennst – es wird nicht besser. Denn in jede neue Beziehung nimmst du dich selbst mit. Es bräuchte schon eine perfekte Frau – aber die gibt es nicht.

Die Lösung für das Dilemma: Liebe.

»WENN ICH MIT MENSCHEN- UND MIT ENGELZUNGEN REDETE UND HÄTTE DIE LIEBE NICHT, SO WÄRE ICH EIN TÖNENDES ERZ ODER EINE KLINGENDE SCHELLE. UND WENN ICH PROPHETISCH REDEN KÖNNTE UND WÜSSTE ALLE GEHEIMNISSE UND ALLE ERKENNTNIS UND HÄTTE ALLEN GLAUBEN, SODASS ICH BERGE VERSETZEN KÖNNTE, UND HÄTTE DIE LIEBE NICHT, SO WÄRE ICH NICHTS. UND WENN ICH ALLE MEINE HABE DEN ARMEN GÄBE UND LIEßE MEINEN LEIB VERBRENNEN UND HÄTTE DIE LIEBE NICHT, SO WÄRE MIRS NICHTS NÜTZE. DIE LIEBE IST LANGMÜTIG UND FREUNDLICH, DIE LIEBE EIFERT NICHT, DIE LIEBE TREIBT NICHT MUTWILLEN, SIE BLÄHT SICH NICHT AUF, SIE VERHÄLT SICH NICHT UNGEHÖRIG, SIE SUCHT NICHT DAS IHRE, SIE LÄSST SICH NICHT ERBITTERN, SIE RECHNET DAS BÖSE NICHT ZU, SIE FREUT SICH NICHT ÜBER DIE UNGERECHTIGKEIT, SIE FREUT SICH ABER AN DER WAHRHEIT; SIE ERTRÄGT ALLES, SIE GLAUBT ALLES, SIE HOFFT ALLES, SIE DULDET ALLES.«

1. Korintherbrief Kapitel 13,1-7 (LUT)

Dieser Text ist eine der treffendsten Beschreibungen von Liebe. Diese Worte strotzen nur so vor Kraft, Bedingungslosigkeit, Radikalität. Liebe ist kein Gefühl, kein Hokuspokus, kein romantisches Klischee. Liebe ist eine Kraft. Mithilfe dieser Kraft kann ein Mensch einen anderen annehmen und so die tiefsten Wunden und Verletzungen heilen.

Wenn in unserer Ehe die Wahrheit regiert, dann haben Aussagen, egal, ob positiv oder negativ, eine große Kraft. Sie können das Bild, das wir von uns selbst haben, entweder zerstören oder festigen. Und dieses Bild kann richtig sein oder auch falsch. Aber wenn es kaputt geht, tut es immer weh.

Ich habe mich früher für einen Menschen gehalten, der nicht sonderlich sensibel ist. Eines Tages sagte meine Frau zu mir: »Ich finde es wahnsinnig toll, wie du mit den Kindern umgehst. Ich erlebe dich so oft, wie du tolle Gespräche führst, wie du feinfühlig und einfühlsam bist.« Wow, das wusste ich gar nicht, fühlte sich aber gut an. Sie sagte mir das häufiger, erinnerte mich an Situationen, in denen ich Einfühlungsvermögen gezeigt hatte, und mit der Zeit glaubte ich ihr. Es hat mein Bild von mir verändert. Ich habe etwas Neues an mir entdeckt und in diesem Bereich auch Sicherheit gewonnen.

WENN DICH DEIN MANN ODER DEINE FRAU IN LIEBE ANNIMMT, WIE DU BIST, DANN WIRD DICH DAS VERÄNDERN.

Das Problem an der Sache ist allerdings: Es funktioniert nur, wenn ihr euch beide geliebt fühlt. Wenn du voller Liebe bist, fällt es dir leicht, Liebe weiterzugeben. Und wenn dadurch der Liebestank deiner Süßen aufgefüllt wird, fällt es ihr leichter, dir Liebe weiterzugeben. Das ist quasi ein Perpetuum der Liebesenergie.

Falls du in Physik aufgepasst hast, weißt du, dass es kein Perpetuum mobile gibt. Die Liebe hält nicht ewig. Nicht einfach so. Du hast Fehler, machst auch ab und zu welche. Du bist auch mal gestresst. Das Leben mit all seinen Alltagsproblemen passiert halt. Und dann ist da ja noch diese Sache mit der Wahrheit.

Und diese Dinge machen euch beide so alle, dass ihr es einfach nicht mehr schafft, euch gegenseitig Liebe zu zeigen. Und wenn ihr euch beide nicht mehr so richtig zusammenreißen könnt, verletzt ihr euch gegenseitig und die Hunde des Krieges werden von ihren Ketten gelassen.

GNADE

Liebe und Wahrheit reichen also nicht. Wir brauchen auch noch die Gnade. Weil Jesus aus Gnade zuerst geliebt hat, können wir lieben, weil er aus Gnade zuerst vergeben hat, können wir vergeben. Jesus hat alles schon gemacht. Wir müssen keine Angst haben, zu kurz zu kommen, wenn wir dem anderen mit Liebe und Gnade begegnen. Die Erfahrung von Gottes grenzenloser Gnade ermöglicht es uns, die zwei wichtigsten Fertigkeiten für Herzensnähe in der Ehe zu erlernen:

- Vergebung
- Buße

Buße klingt nach 'nem Mönch, der in seiner Kammer sitzt und sich selbst bestraft. Heißt aber was ganz anderes.

Das griechische μετάνοια/metanoia bedeutet umdenken oder Umkehr des Denkens. Das hebräische שוב/schub bedeutet noch etwas mehr, nämlich darüber hinaus die Umkehr zu Gott.

Lass mich dir Buße anhand eines einfachen Bildes erklären. Wenn du durch die Wildnis wanderst und irgendwann feststellst, dass du dich verlaufen hast, musst du umkehren und dem richtigen Weg folgen. Wenn du dagegen einfach weiterläufst, verirrst du dich noch mehr.

Wir tun Buße für das, was wir selber falsch machen, und wir vergeben unserem Partner. So einfach ist das. Oder halt auch nicht. Wer nicht vergeben kann, denkt tief im Inneren, etwas so Schlimmes würde er niemals tun. Voller Stolz fühlt er sich moralisch überlegen. Dann verdrängt die reine Wahrheit des Vergehens die Liebe. Wir reiten auf unserem hohen Ross und machen den anderen nieder. Wer aber demütig ist und erkennt, dass er selbst nur ein Sünder ist, tut sich damit leichter.

Wir können dem anderen aber auch dann nicht vergeben, wenn wir voller Minderwertigkeitsgefühle durch die Gegend stapfen. Wir glauben, dass wir gar nicht in der Lage sind, dem anderen zu vergeben, weil wir selbst noch viel schlimmer dran sind. Wer von Minderwert geplagt wird, dem fehlt die Sicherheit, in der Wahrheit zu bleiben. Der meidet jeden Konflikt und ist harmoniebesessen, aus Angst, alles kaputt zu machen, aus Angst, die Wut des anderen auf sich zu ziehen.

Im Rückblick erscheint es ziemlich schwer, in Wahrheit, Liebe und Gnade zu leben und so Vertrauen aufzubauen. Wir müssen wahrhaftig sein. Damit wir den anderen vor lauter Wahrheit nicht verletzen, müssen wir liebevoll sein. Um den anderen unsere Liebe zeigen zu können, müssen wir verstehen, wie er tickt. Damit uns Fehler des anderen nicht aus der Bahn werfen, müssen wir vergeben können. Um vergeben zu können, brauchen wir Demut, aber kein Minderwertigkeitsgefühl.

Und das war noch nicht mal alles. Selbst wenn wir uns selber ziemlich gut unter Kontrolle haben, kann unser Ehepartner alles versauen.

An dieser Stelle ein kurzer Break. Einmal durchatmen. Oder auch zweimal. Oder leg das Buch ganz weg. Nur bitte hör an dieser Stelle nicht ganz auf zu lesen. Nicht jetzt.

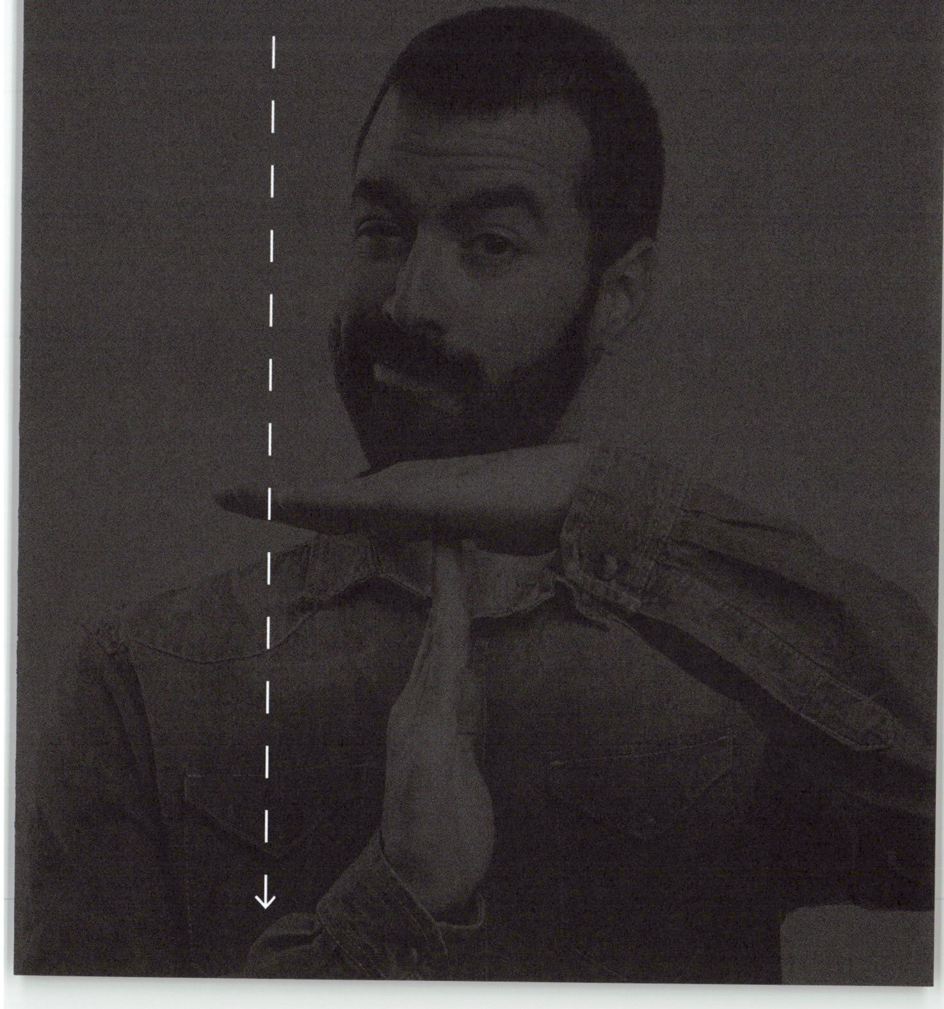

DIE KRAFT DES EVANGELIUMS

Wir sind verloren.

Das hat aber in erster Linie nichts mit der Ehe zu tun. Wir sind ganz einfach generell verloren, weil wir Teil einer verlorenen Schöpfung sind. Und das drückt sich in jedem Bereich unseres Lebens unterschiedlich stark aus. Die Ehe und dein Sexleben sind nur zwei Beispiele von vielen. Kann es Ehen geben, die funktionieren, ohne dass Gott etwas verändert hätte? Keine Ahnung. Ich kenne nicht alle Ehen auf der Welt. Aber ich glaube, dass jede noch so gute Ehe ein noch viel größeres Potenzial hätte. Kannst du ein gutes Sexleben führen, auch ohne dass Gott euch verändern würde? Keine Ahnung. Aber ich glaube, dass jedes noch so gute Sexleben noch besser werden kann.

Wir selbst schaffen es nicht, Liebe und Wahrheit zusammenzuführen. Ohne das Evangelium fehlt uns die Gnade. Ohne Gnade scheitern wir entweder an unserem Stolz oder an unserem Minderwert. Wir liegen im Staub und müssen demütig erkennen, nichts aus eigener Kraft zu schaffen. Diese Wahrheit ist krass. Gleichzeitig erhöht uns das Evangelium aber. Aus voller Gnade hebt es uns aus dem Staub und trägt uns hinauf zum Himmel, um Gottes Ebenbilder zu sein. Wir sind Gott so unglaublich viel wert, dass er seinen einzigen Sohn gegeben hat. Das wird deutlich in folgendem Vers:

»DENN SO SEHR HAT GOTT DIE WELT GELIEBT, DASS ER SEINEN EINGEBORENEN SOHN GAB, DAMIT JEDER, DER AN IHN GLAUBT, NICHT VERLORENGEHT, SONDERN EWIGES LEBEN HAT.«

Johannesevangelium Kapitel 3, Vers 16 (SLT)

Den Schlüssel, der das volle Potenzial unseres Lebens und auch unserer Ehen aufschließen kann, die Gnade, finden wir nicht in uns selbst. Wir müssen die Gnade Gottes erfahren haben und können sie wie durch einen Spiegel reflektieren. Wir können uns auffüllen lassen mit Gnade, bis sie überfließt. Wenn du Jesus am Kreuz siehst, wie er für dich starb, dir vergab, deine Sünde trug, verändert das alles. Dann kannst du ein Segen sein für deinen Ehepartner. Gemeinsam könnt ihr ein Segen sein für eure Kinder, für eure Familie, für eure Nachbarschaft. Erst in Jesus, dem Zentrum des Evangeliums, offenbaren sich die Wahrheit, die Liebe und die Gnade Gottes:

WAHRHEIT = WIR SIND VERLOREN.
LIEBE = WIR SIND ERRETTET.
GNADE = DAS ALLES IST EIN GESCHENK.

In der guten Nachricht des Evangeliums liegen die drei Eigenschaften funktionierender Beziehungen verborgen – bereit, als Schatz gehoben zu werden. Wenn die Kraft des Evangeliums in unserem Herzen wirkt, verändert sie uns. Und die Prozesse, die ich in diesem Kapitel beschreibe, funktionieren. Die Zahnräder beginnen ineinanderzugreifen.

Hebe den Schatz.

KÖRPERLICHE INTIMITÄT

In diesem Buch unterscheide ich zwischen körperlicher Intimität und emotionaler Intimität. Das eine bedeutet tiefste Vertrautheit in körperlichen Dingen, das andere Vertrautheit in seelischen oder emotionalen Dingen. Beide Arten von Intimität sind stark miteinander verknüpft. Auf der Basis von Vertrauen können wir in unserer körperlichen und emotionalen Intimität wachsen.

INTIMITÄT (lat intimus; wörtlich: dem Rand am fernsten, am weitesten innen) ist ein Zustand tiefster Vertrautheit. Intimität herrscht in der Intimsphäre – einem persönlichen Bereich, der durch die Anwesenheit ausschließlich bestimmter oder keiner weiteren Personen definiert ist und Außenstehende nicht betrifft. Die Intimsphäre und damit die Intimität wird durch Indiskretion verletzt. Eine Verletzung der Intimität kann Personen seelisch destabilisieren.

Besteht körperliche Nähe oder eine (meist emotionale) Berührung, spricht man von körperlicher Intimität, altertümlich (und nicht nur sexuell) auch von Liebkosung (Liebkosung als Handlung gegenüber Intimität als Zustand).

In der Alltagssprache bedeutet demgegenüber Intimität oft nur Sexualkontakt, der aber, z.B. als Quickie, durchaus keine tiefste Vertrautheit bedeuten muss.[15]

KÖRPERLICHE INTIMITÄT HAT FÜNF STUFEN:

1. Augenkontakt
2. Hand- oder Körperkontakt
3. erotische Berührungen
4. Geschlechtsverkehr
5. atemberaubender Höhepunkt

Ja, es gibt einen Unterschied zwischen der vierten und fünften Stufe körperlicher Intimität. Auf der fünften Stufe wird Sex erst richtig kraftvoll. Das ist genau der Punkt, den wir erreichen wollen, oder? Das ist der Grund, warum du dieses Buch liest. Bis Level 4 kennen sich die meisten noch aus. Die Realität und Kraft von Intimität auf Level 5 ist allerdings vielen nicht bewusst. Dabei ist genau diese emotionale Nähe der Gipfel für erfüllende sexuelle Intimität.

Beginnen wir mit Level 1.

1. AUGENKONTAKT

Kennst du diesen Blick? Eure Augen treffen aufeinander. Du siehst das Funkeln in ihren Augen. Sie bemerkt das Zwinkern in deinen. Ihr habt so eine eigene Art der nonverbalen Kommunikation. Eure Erinnerungen an das letzte Mal werden getriggert. Ihre Blicke ziehen dich magisch an. Deine Blicke ziehen sie aus. Ein Blick sagt mehr als tausend Worte. Ihr Blick sagt dir: Ich will dich. Deine Blicke sagen ihr: Du bist wunderschön. Ihr erlebt den ersten Level der Intimität.

2. HAND- UND KÖRPERKONTAKT

Körperkontakt im Alltag ist leider unter Paaren, die schon länger zusammen sind, viel zu selten. Mein Rat an dich: Nutze jede noch so kleine Möglichkeit, um deine Frau liebevoll zu berühren. Mal ist es eine kurze Umarmung, mal haltet ihr Händchen, mal ein schneller Kuss auf die Wange oder ein liebevoller Klaps auf den Hintern. Während sie im Auto neben dir sitzt, streichelst du ihr über den Oberschenkel. Gerade diese nicht direkt auf Sex ausgerichteten Körperkontakte steigern die Freude aneinander und aufeinander und senden Signale von Wertschätzung und des Begehrens. Ehepaare, bei denen diese Art von Körperkontakt zum Alltag gehört, werden schneller und häufiger zu Level 3 übergehen.

3. EROTISCHE BERÜHRUNGEN

Intime Berührungen. Alles klar. Ihr habt den Alltag hinter euch gelassen. Jetzt ist der Zeitpunkt gekommen. Es geht steil aufwärts. Eure Körper berühren sich. Eine intensive zärtliche Umarmung. Du streichelst ihr Gesicht. Du küsst sie im Gesicht, am Hals, an anderen Stellen, die für sie erregend sind. Zungenküsse sind ebenfalls sehr intim. Ein Kuss ist wie die Eintrittskarte in eine Intimzone. Die Bedeutung von Küssen wird häufig unterschätzt. Ich glaube, Küssen ist wie ein Barometer für die Intimität und Leidenschaft eines Ehepaars. Küssen ist sogar gesund. Küssen ist schön, süß, romantisch und weckt die Lust nach mehr. Es geht weiter! Du streichelst über ihre erogenen Zonen. Ihr seid Haut an Haut. Ihr seid nackt. Du massierst ihr den Rücken, die Beine, den Bauch, den Po.

4. GESCHLECHTSVERKEHR

Ihr habt Sex. Ihr genießt die Nähe, die Leidenschaft, die Erotik, den Spaß, die Abwechslung, die Lust. Ihr verliert euch ineinander. Du beschenkst und verwöhnst deine Frau. Sie gibt sich dir hin.

5. ATEMBERAUBENDER HÖHEPUNKT

Ja, es gibt noch einen weiteren Level. Auf Stufe 5 genießt und vernascht du nicht nur ihren Körper, sondern ihr empfindet eine tiefe, vertraute

Herzensverbindung. Nicht nur zwei Körper verschmelzen, sondern auch zwei Seelen. Zwei Menschen, die sich lieben, werden zu einer Einheit. Zwei Persönlichkeiten geben sich aneinander hin, verschenken sich bedingungslos und rückhaltlos.

DIE VERBINDUNG UND EINHEIT IST STÄRKER UND ERFÜLLENDER ALS DER REINE SPAß AM SEX.

Die Frage lautet also: Wie erreichen wir die fünfte Stufe der körperlichen Intimität in unserer Ehe? Die Antwort darauf ist ein großes Geheimnis. Und daran wird sich auch trotz aufklärerischer Gedanken, Sexualkunde und frei zugänglicher Pornografie nichts ändern. Im Gegenteil. Das Geheimnis droht in der Antiprüderie komplett verschüttet zu werden. Wir sind von Gott nicht als polygame Wesen geschaffen. Polygame Tendenzen, zu denen ich beispielsweise auch Pornografie zähle, können deswegen nicht dazu beitragen, das Geheimnis freizulegen. Und das ist auch der Grund, warum du nicht mit jeder beliebigen Frau weltbewegenden Sex haben kannst. Vielleicht erreichst du mehrere Male hintereinander die vierte Stufe, vielleicht die vierte Stufe auf genau die Weise, wie du es dir schon immer erhofft hast. Vielleicht die vierte Stufe mit einer Partnerin, die du so heiß findest, dass sie selbst ungeschminkt und in Antarktisklamotten eine Spontanerektion bei dir hervorruft.

Aber nicht Stufe 5. Denn Stufe 5 setzt etwas ganz anderes voraus: emotionale Intimität.

Jede einzelne Stufe der Intimität hat gewisse Voraussetzungen. Die erste Stufe zum Beispiel räumliche und zeitliche Anwesenheit und geistige und natürlich funktionierende Augen.

DIE VORAUSSETZUNG DER LETZTEN STUFE IST EINE TIEFE EMOTIONALE VERBINDUNG.

EMOTIONALE INTIMITÄT

Emotionale Intimität ist ein Zustand tiefster Vertrautheit in seelischen Dingen. Emotionale Intimität ist Herzensnähe. Nicht eure Körper sind euch nah, sondern eure Herzen. Diese Herzensnähe ist Voraussetzung für die fünfte Stufe der körperlichen Intimität und entsteht durch:

- Wertschätzung
- Sicherheit und Exklusivität
- Herzenskommunikation

1. WERTSCHÄTZUNG

Wertschätzen kann man jeden. Es bedeutet, den anderen anzunehmen und ihm einen hohen Wert beizumessen. Es bedeutet, ihm und dem, was er sagt und tut, Beachtung zu schenken.

Wertschätzung bedeutet, auch die Andersartigkeit des anderen zu respektieren und zu lieben. Es kann sein, dass du manche Eigenarten erst lieben lernen musst. Du kannst selbst die seltsamsten Eigenarten deines Partners wertschätzen als etwas, was eben zu ihm gehört, ohne dieses charakterliche Detail von Natur aus zu lieben. Das ist eine Entscheidung. Und wenn du diese Entscheidung oft genug triffst, hast du irgendwann gelernt zu lieben.

Wertschätzung kann man in Worten ausdrücken:

- Dankbarkeit
- Komplimente
- Bewunderung
- aufmerksame Kommunikation
- ...

Wertschätzung kann man aber auch in Taten ausdrücken:

- Hilfsbereitschaft
- zuvorkommend Arbeiten erledigen
- Pflege und Begleitung in schweren Zeiten
- Geschenke
- ...

DIE FÜNF SPRACHEN DER LIEBE

Es gibt allerdings nicht nur eine Art, Liebe und Wertschätzung auszudrücken. Sondern fünf Arten. Gary Chapman schreibt darüber in seinem Buch »Die fünf Sprachen der Liebe«: Zeit zu zweit, Anerkennung, Hilfsbereitschaft, Geschenke, Zärtlichkeit. Es ist wichtig herauszufinden, welche dieser Sprachen der andere spricht, und diese dann so gut es geht zu verwenden. So versteht der andere die Wertschätzung auch.

All diese Dinge sind am Anfang einer Beziehung oder auch zu Beginn einer Ehe leicht, weil man verliebt ist, das Eheleben neu und aufregend ist oder auch, weil man den Partner noch erobern möchte. Wertschätzung in Wort und Tat passiert dabei ganz von allein. Gleichzeitig ist man eher geneigt, Dinge, die der andere tut, als Wertschätzung oder Liebesbeweis zu verstehen. Die Herausforderung ist, das Herz seines Partners im Alltag einer langfristigen Beziehung immer wieder neu zu erobern.

Wertschätzung allein ist noch keine Basis für guten Sex, auch nicht für eine gelungene Beziehung. Aber Wertschätzung ist eines der Saatkörner für emotionale Intimität. Es wird aufgehen und wachsen. Die emotionale Intimität, die aus der Wertschätzung entsteht, ist die Basis für guten Sex.

2. SICHERHEIT UND EXKLUSIVITÄT

Sicherheit und Exklusivität funktionieren nur gemeinsam. Du fühlst dich dann sicher in deiner Beziehung, wenn du weißt, dass dein Partner neben dir niemanden sonst hat, wenn du weißt, dass eure Partnerschaft exklusiv ist. Ein gewisses Gefühl von Sicherheit zu vermitteln ist relativ einfach.

Erstens: Keine andere haben und zweitens: genau das deiner Partnerin zeigen und es sie spüren lassen.

Aus biblischer Sicht ist die Ehe ja ohnehin ein Bund fürs Leben. Ehebruch ist eine Sünde, die im Alten Testament sogar mit dem Tod bestraft wurde. Scheidung ist nur unter sehr eingeschränkten Voraussetzungen möglich. Es handelt sich also offensichtlich um eine ernste Sache. Das Eheversprechen gibt Sicherheit: Ihr werdet einander haben. Diese Sicherheit ist aber keine echte Sicherheit, wenn sie an Bedingungen geknüpft wird. Ich bin bei dir:

- sofern dein Body-Mass-Index 26 nicht überschreitet,
- sofern wir dreimal die Woche Sex haben,
- solange du mich glücklich machst.

Wenn du deine Treue an Bedingungen knüpfst, ist das keine Sicherheit. Es ist ungefähr so, wie wenn dir deine Bank verspricht, dass dein Geld sicher ist – solange kein Bankräuber vorbeikommt. Nein, Sicherheit muss immer gelten. Wenn du dir nicht sicher bist, dass das Geld auf deinem Konto von niemandem außer dir selbst angetastet wird, wirst du es der Bank nicht anvertrauen.

MYTHOS #5: EIN WOHLÜBERLEGTER SEITENSPRUNG HAT NOCH NIE GESCHADET.

Wer das behauptet, meint oft sogar, dass ein Seitensprung im Gegenteil sogar das Feuer einer Beziehung erst wieder so richtig anfachen kann.

Dieses Feuer hat zerstörerische Kraft. Wenn eure Ehe lahmt, gibt es Möglichkeiten, sie zu retten. Wenn die Leidenschaft fehlt, gibt es Möglichkeiten, sie zu entfachen. Ein Seitensprung ist niemals die richtige Idee. Ihr baut eure Beziehung auf einer Lüge auf.

Während Sicherheit keine Bedingungen duldet, ist Exklusivität nur dann wirkliche Exklusivität, wenn sie auf klaren Grenzen beruht. Es gibt ein Drin und es gibt ein Draußen. Sonst gibt es nichts. Entweder du bist in dieser Ehe oder du bist es nicht. Und wenn du nicht drin bist, darfst du auch keinen Fußbreit rein. Eure Ehe muss zum exklusivsten Klub der Stadt werden. Mit einem knallharten Türsteher. Und egal, wie lange die Schlange ist, nur du und deine Frau kommen rein.

Exklusivität hört dort auf, wo irgendeine sexuelle Handlung den Rahmen der Zweisamkeit in der Ehe verlässt. Die Grenze liegt also weitaus niedriger, als du vielleicht dachtest. Du musst nicht erst zur Seite springen, bevor du die Ehe brichst. Wenn du dir unter der Dusche einen runterholst und dabei an irgendeine heiße Blondine denkst, hast du die Zweisamkeit der Ehe bereits verlassen.

AUCH PORNOGRAFIE ZERSTÖRT EXKLUSIVITÄT UND DAMIT INTIMITÄT.

Denn wenn du Pornos konsumierst, beschäftigst du dich nicht mehr exklusiv mit deiner Partnerin. Und das hat zerstörerische Kraft. Denn wie soll sie sich deiner sicher sein, wenn sie weiß, dass du Hunderte andere Frauen beim Sex beobachtest? Wie soll Intimität entstehen, wenn da lauter andere Frauen in deinem Kopf herumgeistern? Wie kann sich deine Frau sicher sein, dass du sie und zwar nur sie meinst, wenn du dir die glänzenden Plastiktitten irgendwelcher gephotoshoppten Frauen reinziehst? Wie soll sich deine Frau selbstsicher und begehrt fühlen, wenn sie mit solchen künstlichen Idealen mithalten soll?

Zur Exklusivität gehört aber nicht nur die körperliche Intimität, sondern auch die emotionale. Dabei ist es wichtig, keine Geheimnisse voreinander zu haben, stattdessen offen und transparent miteinander umzugehen. Es mag Themen geben, bei denen es sinnvoll ist, zuerst mit einem Freund, deinem Mentor oder einer anderen Vertrauensperson zu reden. Aber auch diese heiklen Themen dürft ihr in eurer persönlichen Kommunikation nicht aussparen. Ich würde euch grundsätzlich nicht raten, schwierige Themen aus eurer Ehe mit einer Personen des andern Geschlechts zu besprechen.

3. HERZENSKOMMUNIKATION

Bei Herzenskommunikation geht es darum, Herzensnähe zu erreichen und zwar, indem man sich mitteilt. Das sind also gleich zwei Aufgaben: sich mitteilen und den anderen verstehen wollen. Wenn du eher der einsame Schweiger bist, wird dir das schwerfallen. Ich möchte dir gerne dabei helfen, an deiner Kommunikation zu arbeiten.

Genau wie beim Sex gibt es auch in Sachen Kommunikation unterschiedliche Ebenen:

- Small Talk
- Fakten
- Meinungen
- Gefühle
- Bedürfnisse und Wünsche
- tiefe Überzeugungen

Du darfst diese Ebenen allerdings nicht als Level verstehen oder denken, dass sie aufeinander aufbauen. Es ist durchaus möglich, dass du deine Meinung gut vertreten und ausdrücken kannst, aber beim Small Talk versagst.

SMALL TALK

Es geht um den Austausch belangloser Informationen. Small Talk ist unterhaltsam und kann eine gute Basis sein, um tiefere Gespräche zu führen. Small Talk ist auch eine Kunst. Es gibt Menschen, die können mit jedem zu jeder Zeit ein Gespräch anfangen. Vollkommen egal, worüber. Bewundernswert.

FAKTEN

Fakten sind dann schon wichtigere Informationen. Dazu müsste man aber über Faktenwissen verfügen. In der Ehe sieht es manchmal so aus, als ob die Kommunikation bereits auf dieser Ebene zu Spannungen führt. Nämlich dann, wenn sich ständig Termine überschneiden, der eine nicht weiß, wann die Kinder abgeholt werden müssen, und der andere nie erfuhr, dass Mama zu Besuch kommt. Im Großen und Ganzen bewegst du dich aber noch auf sicherem Terrain. Fakten haben ja nichts mit dir zu tun. Dementsprechend oberflächlich ist eine Beziehung, deren Kommunikation hier stehen bleibt.

MEINUNGEN

Meinungen basieren oftmals auf Fakten. Die Frage ist, wie wir diese Fakten interpretieren und welche Schlussfolgerung wir daraus ziehen. Es ist wichtig, eine eigene Meinung zu haben und diese auch vertreten zu können. Dabei kommen allerdings Unterschiede zum Vorschein und es wird persönlich. Das ist ein Risiko. Denn wer seine Meinungen äußert, riskiert, abgelehnt oder sogar ausgegrenzt zu werden. Dieses Risiko müssen wir aber in einer Beziehung eingehen. Denn es birgt gleichzeitig das Potenzial, in der Liebe und dem Respekt dem anderen gegenüber zu wachsen, sogar wenn wir nicht die gleiche Meinung haben. Wichtig ist deswegen, die Meinung des anderen wertzuschätzen oder zumindest respektieren zu können.

GEFÜHLE

Wenn es euch gelingt, offen und respektvoll über eure unterschiedlichen Meinungen zu sprechen, wächst gleichzeitig auch die Sicherheit, eine noch tiefere Ebene deiner Persönlichkeit zu offenbaren, nämlich deine Gefühle. Es mag dir vielleicht schwerfallen, Zugang zu deinen eigenen Emotionen zu finden, und noch schwerer, über sie zu sprechen.

ABER WENN DU MIT DEINER FRAU EMOTIONALE INTIMITÄT ENTWICKELN MÖCHTEST, MUSST DU GENAU DAS LERNEN.

Gefühle haben noch mehr mit deiner Identität zu tun als deine Meinungen. Das Risiko ist deswegen noch ein Stück größer. Du machst dich verletzlich. Diese Verletzlichkeit ist aber auf der anderen Seite die Chance, eine tiefe Verbindung mit der Frau aufzubauen, die dich wirklich liebt, so wie du bist. Zeig es ihr. Lass sie spüren, wie es in deinem Herzen aussieht.

Vielen Paaren fällt es schwer, auf dieser Ebene zu kommunizieren. Die wohl wichtigste Voraussetzung, um diese Gesprächsebene in der Ehe zu meistern: Niemals abwertend auf die Gefühle des anderen reagieren.

BEDÜRFNISSE UND WÜNSCHE

Die Fähigkeit, Bedürfnisse und Wünsche zu kommunizieren, ist insbesondere, wenn es um Sex geht, ziemlich wichtig. Wenn beide Partner in der Lage sind, darüber zu reden, ohne Angst haben zu müssen, abgelehnt, ausgelacht oder abgestoßen zu werden, beginnt Intimität zu wachsen. Wenn ihr dieses Niveau erreicht, habt ihr schon viel Wertschätzung, Sicherheit und gegenseitigen Respekt gelernt. Die Sicherheit, über tiefe Bedürfnisse zu sprechen, ohne vom anderen verurteilt oder kritisiert zu werden, ist für Authentizität in der Beziehung sehr wichtig. Diese Ebene der Kommunikation verbindet euch und kreiert echte Herzensnähe und Vertrauen.

ÜBERZEUGUNGEN

Letztendlich gibt es noch deine tiefsten Überzeugungen. Sie sind stärker als Meinungen und machen einen Teil deiner Persönlichkeit aus. Sie zeigen, wer du bist. Es handelt sich um Aussagen, die durch prägende Erlebnisse entstanden sind, die die Kindheit bestimmt haben oder die dir jahrelang eingebläut wurden, etwa von den Eltern oder auch von dir selbst. Wenn sich deine Überzeugungen ändern, kommt das einem Erdbeben gleich.

Es ist aus unterschiedlichen Gründen schwer, über seine Überzeugungen zu sprechen. Zum einen muss man sich ihrer erst mal bewusst werden. Es ist durchaus möglich, dass wir uns sogar unbewusst von solchen inneren Überzeugungen treiben lassen, ohne sie zu kennen.

Seine Meinung kann man relativ leicht ändern. Vorlieben und Bedürfnisse kann man zum Wohle der Beziehung auch mal unterdrücken, obwohl auch das nicht gesund ist. Aber wenn dein Gegenüber eine Grundüberzeugung hat, die deiner komplett entgegenläuft, kann das problematisch werden.

DIESE KOMMUNIKATIONSEBENE IST HERAUSFORDERND, ABER ENORM WICHTIG.

Versuche, auf dieser Ebene deinen Partner zu verstehen, höre ihm aufmerksam zu. Es geht nämlich nicht darum, den anderen zu überzeugen, sondern erst einmal zuzuhören, zu verstehen und ihn so anzunehmen.

Um echte emotionale Intimität zu erreichen, ist es wichtig, alle sechs Stufen in die alltägliche Kommunikation einzubauen. Selbst der Small Talk kann hilfreich sein. Er kann auch am Ende eines anstrengenden Tages die Basis eines tieferen Gesprächs sein. Oder einfach nur der Ausdruck von Wertschätzung: Ich bin müde, unterhalte mich aber dennoch mit dir. Verzeih, wenn ich nicht in der Lage bin, über tiefste Überzeugungen zu sprechen. Aber ich gebe mir Mühe.

Genauso wichtig ist es, Fakten kommunizieren zu können, Meinungen auszutauschen und Abweichungen hinnehmen zu können. Ihr müsst über eure Gefühle, Bedürfnisse und Wünsche sprechen können und solltet gemeinsam herausfinden, welche Grundüberzeugungen euer Leben bestimmen.

Diese Kommunikationsebenen haben übrigens nichts mit charakterlicher Tiefe zu tun. Jeder Mensch ist tief. Behaupte nie, ein Mensch sei oberflächlich, erst recht nicht dein Partner. Wenn dir ein Mensch oberflächlich erscheint, heißt das nur, dass es dir schwerfällt, unter die Oberfläche zu schauen. Und dass es ihm schwerfällt, auf bestimmten Ebenen mit dir zu kommunizieren.

WIE MAN ALLE KOMMUNIKATIONSEBENEN MEISTERT

Jetzt ist aber wirklich gut, oder? Wenn du einen Kommunikationsratgeber gewollt hättest, hättest du dir »Miteinander reden« von Schulz von Thun gekauft. Hast du aber nicht. Deswegen werde ich diese Frage hier auch nicht ausführlich beantworten. Zum Glück müsst ihr keine Kommunikationsexperten werden, um guten Sex zu haben. Wichtig ist Kommunikation aber schon, denn insbesondere die Ebenen 4, 5 und 6 erfordern ein gewisses Vertrauen und eine gewisse Sicherheit. Männern fällt es oft etwas schwerer als Frauen, auf diesen Ebenen zu kommunizieren. Aber, Jungs: Es lohnt sich! Denn nur über die Ebene der Gefühle könnt ihr zur fünften und schließlich bis auf die intimste, die sechste Ebene vorstoßen.

Wenn es darum geht, Wünsche und Bedürfnisse auszudrücken, tun sich auch viele Frauen schwer – insbesondere wenns um Sex geht. Das ist super, denn wenn ihr in eurer Beziehung an diesem Punkt angelangt seid, habt ihr Männer vielleicht schon Erfahrung damit, was es bedeutet,

Themen anzupacken, über die man nicht so locker spricht. Ihr habt erfahren, wie ihr selbst ermutigt oder entmutigt wurdet, eure Gefühle zu zeigen. Jetzt könnt ihr anwenden, was ihr gelernt habt, und euren Frauen ihre Bedürfnisse entlocken.

Um die sechste Kommunikationsebene zu erreichen, müsst ihr definitiv beide etwas investieren. Wer aber auf Basis von Wertschätzung, Offenheit und Sicherheit anfängt zu kommunizieren, wird die sechste Stufe erreichen. Und dann werden Dinge ans Tageslicht kommen, die ihr vielleicht nicht einmal selbst von euch wusstet. Und diese emotionale Intimität wird euch dabei helfen, guten Sex zu haben.

Gute emotionale Intimität wird euch helfen, guten Sex zu haben.

Dieses Kommunikationstraining ist niemals abgeschlossen. Egal, wie euer Sexleben momentan aussieht, lasst euch nicht davon abhalten, in eure Kommunikation und eure emotionale Intimität zu investieren. Selbst wenn ihr zu jenen äußerst seltenen Paaren gehören solltet, die niemals weder in ihrer Kommunikation noch ihrem Sexleben schwere Zeiten durchmachen: Was schadet es, an der Kommunikation zu arbeiten? Es kann schließlich nur besser werden.

WAS, WENN WIR NICHT VORANKOMMEN?

Zunächst einmal kann ich dir sagen: Ihr kommt voran. Ihr merkt es vielleicht nicht, die Schritte sind vielleicht klein, aber ihr kommt voran. Eure Investitionen lohnen sich. Ich habe hier aber ein paar Fragen für euch, die ihr euch stellen könnt und die euch möglicherweise dabei helfen, Resultate zu erzielen, die ihr auch erkennen könnt.

– Lebt ihr bereits Wertschätzung im Alltag? Kennt ihr die Sprache der Liebe, die der jeweils andere spricht? Redet darüber, auf welche Weise ihr euch in letzter Zeit geliebt gefühlt habt. Redet auch darüber, was ihr getan habt, um dem anderen eure Liebe zu zeigen. Passt beides zusammen?

– Insbesondere: Wie geht ihr mit den Dingen um, die der andere sagt und die ihr selbst nicht so gut findet? Überlegt mal, wie bei euch zu Hause früher kommuniziert wurde. Wenn einer von euch beiden eine aggressive Streitkultur gelernt hat und der andere eher eine passive, kann Letzterer sich durch ein etwas emotionaleres Konfliktgespräch schnell angegriffen fühlen.

- Fühlt ihr euch in der Beziehung absolut sicher? Habt ihr eure Liebe an Bedingungen geknüpft?

Das sind nur ein paar Fragen und wie gesagt: Ich spreche hier nicht ausführlich über das Thema Kommunikation.

Es gibt einige gute Bücher, die ich im Kapitel »Hör nicht auf zu lernen« auch empfehle. Ihr könnt auch ein Kommunikationsseminar für die Ehe besuchen – oder generell ein Eheseminar, die oftmals so aufgebaut sind, dass die Paare viel miteinander reden.

DIE 5. STUFE KÖRPERLICHER INTIMITÄT

Um die fünfte Stufe der körperlichen Intimität zu erreichen, müsst ihr lernen, euch zu vertrauen und dann emotional immer intimer werden. Dabei gibt es einige andere Dinge, die euch helfen, auf beiden Leitern nach oben zu klettern. Beispielsweise solltet ihr lernen, euren eigenen Körper und den eures Partners anzunehmen. Außerdem ist es sehr wichtig, dem Sex im Alltag Priorität zu geben.

DEN KÖRPER ANNEHMEN

Unser Körper ist wie ein Instrument, mit dem wir den Orgasmus orchestrieren. Ein Hindernis, um gute Orgasmen zu erleben, kann in der Wahrnehmung deines Körpers oder jenem deiner Frau sein. Unkontrollierte körperliche Intimität wird schwer, wenn du Mühe damit hast, deinen eigenen Körper anzunehmen. Ebenso wird es dir sehr wahrscheinlich nicht leichtfallen, mit deiner Frau erotischen Sex zu haben, wenn du ihren Körper eigentlich unattraktiv findest. Deswegen ist es für beide wichtig, eine gesunde Beziehung zum eigenen Körper und zum Körper des anderen zu entwickeln.

MYTHOS #6: NUR MIT DEM PERFEKTEN KÖRPER KANN MAN GUTEN SEX HABEN.

Wer seinen Körper nicht annehmen kann, fühlt sich beim Sex vielleicht nicht so wohl, kann Nacktsein nicht genießen oder besteht darauf, das Licht auszumachen. Wer seinen Körper nicht annehmen kann, hechelt oft schwer erreichbaren Schönheitsidealen nach.

Aber der Körper an sich steht gutem Sex sicher nicht im Wege. Im Gegenteil: Eine gesunde Beziehung voller Annahme und Liebe mit gutem Sex wird dabei helfen, den eigenen Körper immer besser anzunehmen.

Aus biblischer Sicht gehört unser Körper eigentlich unserem Ehepartner. Unser Körper ist jeden neuen Tag ein Geschenk an den anderen. Dieses Geschenk muss selbstverständlich nicht den gephotoshoppten Schönheitsidealen entsprechen. Wichtig ist aber dennoch, dass wir uns um uns selbst kümmern, auf unseren Körper achtgeben und das, was wir tun können, tun, um unseren Partner zu verwöhnen. Unsere Körper sind keine Avatare, die wir beliebig austauschen oder verändern können. Nein, unsere Körper gehören zu uns. Sie erzählen einen Teil unserer Geschichte und damit auch in gewisser Weise, wer wir sind. Wer täglich im Büro hockt, um seine Familie zu ernähren, hat möglicherweise keinen Bodybuilder-Körper. Wer bereits zwei Kinder auf die Welt gebracht hat, hat möglicherweise nicht mehr überall straffe Haut. Aber es sind Körper, die dazu eingesetzt wurden und werden, Kinder auf die Welt zu bringen und zu ernähren, die dazu eingesetzt werden, die Familie zu versorgen. Diese Perspektive kannst du dir aneignen. Sie wird dir dabei helfen, deinen Körper und den deiner Frau anzunehmen, wie sie sind.

Die Medien bombardieren uns immer wieder mit einem bestimmten Bild davon, was sexy ist. Mir gefällt, wie der amerikanische Autor Rob Bell sexy definiert:

»SEXY IST, WENN MAN SICH IN SEINER EIGENEN HAUT WOHLFÜHLT. DEIN EIGENER KÖRPER FÜHLT SICH GUT UND BEHAGLICH AN. SEXY IST, WENN DU GERN DU SELBER BIST.«[16]

Gott sei Dank gibt es heutzutage vermehrt Kampagnen, in denen natürliche, normale Körper gezeigt werden, oder aber Aufklärungskampagnen, die zeigen, dass die Modelkörper im wahrsten Sinne des Wortes komplett unrealistisch, weil mit dem Computer bearbeitet sind. Wenn du Schwierigkeiten hast, deinen eigenen Körper und den deiner Partnerin anzunehmen, solltest du dir diese Wahrheiten immer wieder vor Augen führen.

GANZ KONKRET KANNST DU DREI WEITERE DINGE TUN:

- Liebe deine Frau und zeige ihr das. Wenn sie sich geliebt fühlt, wird sie ihre individuelle Schönheit selbstbewusster zeigen.
- Bitte Gott immer wieder, dir seine Augen für sie zu schenken. In Gottes Augen ist jeder Mensch wunderschön geschaffen.
- Zögere nicht, ihr Komplimente zu machen. Wenn dir auffällt, wie wunderschön ihr Haar im Licht der ersten Frühlingssonne glänzt: Sage es ihr sofort.

Diese Dinge werden helfen, deine Frau und gleichzeitig dein Herz zu verwandeln. Dann wird es vollkommen wurscht sein, ob gewisse Details irgendwelchen Schönheitsidealen entsprechen oder nicht. Aber glaube mir: Auch andere Menschen werden feststellen, dass deine Frau irgendwie leuchtet, irgendwie ... schön ist.

INTIMITÄT BRAUCHT PRIORITÄT

An allen Ecken und Enden wird in unserer Gesellschaft Sex dargestellt, angeboten und verkauft. Sex ist omnipräsent. Sex sells. Warum? Weil es jeden von uns anspricht. Man könnte meinen, alles dreht sich um Liebe, Romantik und Sex.

Wenn ich dann aber mal genau hinschaue und mich mit Paaren über ihr Sexleben unterhalte, merke ich, dass Sex in der Ehe gerade bei Paaren, die schon länger verheiratet sind, oft gar keine so hohe Priorität hat. In vielen Ehen ist Sex etwas, das im Alltag halt so nebenbei funktionieren sollte.

Beide nehmen sich wenig Zeit, sind abends fix und alle, gestresst von den Kindern, vom Job, vom Leben. Aber weil sie wissen, dass Sex wichtig ist für unsere Beziehung und sie es ja eigentlich auch wollen, versuchen sie halt doch irgendwo irgendwie ein bisschen Zeit für Zärtlichkeit in den Terminplaner zu quetschen.

Auch wenn ich diese Herausforderungen kenne, gerade wenn Kinder da sind, halte ich das für ungesund. Ich glaube auch, dass es nicht so sein muss. Wir haben vier Kinder. Ich weiß also, wovon ich spreche. Ich glaube, es ist eine Einstellungssache. Selbst als unsere Kids noch Kleinkinder waren, hatten wir genauso oft guten Sex wie vorher. Wenn wegen den Kindern euer Sexleben plötzlich in der Priorität nach ganz hinten rutscht, habt ihr bald das Problem, dass ihr euch daran gewöhnt, keinen oder nur noch wenig Sex zu haben. Was aber keiner will, ist eine Ehe, in der sich jahrelang alles um die Kinder dreht und sobald die aus dem Haus sind, gibt es nichts mehr, was die Ehe zusammenhält.

DESWEGEN MÖCHTE ICH DIR SAGEN: MACH SEX ZUR PRIORITÄT IN DEINER EHE!

Das ist aber keine Frage des Alters. Gebt eurem Sexleben von Anfang an eine hohe Priorität in der Ehe. Das ist ein bisschen wie mit der Ernährung. Du kannst entweder ins Fast-Food-Restaurant rennen und deine Bedürfnisse schnell und günstig befriedigen. Schon o.k., schmeckt mir auch ab und zu. Aber auf Dauer tut es dir weder gut, noch ist es besonders abwechslungsreich oder spannend. Oder du kannst Zeit, Geld und Leidenschaft investieren. Du kannst selbst kochen, gute Kochbücher ausprobieren, du kannst dir gute Restaurants aussuchen. Gesundes, leckeres und abwechslungsreiches Essen braucht genau wie gesunder Sex Zeit und Energie. Es kostet dich etwas.

Dem Sex Priorität einzuräumen kostet ebenfalls etwas. Du musst dich emotional drauf einlassen, du darfst Sex inszenieren. Du solltest dich damit beschäftigen, was deinem Partner gefällt. Raus aus deinem Fernsehsessel! Wenn

Sex zur Priorität zu machen kostet was – Also, raus aus dem Fernsehsessel!

du Sex in deiner Prioritätenliste nach oben schiebst, wird logischerweise etwas anderes nach hinten rücken. Anders geht es nicht.

Eine Möglichkeit ist der Eheabend mit anschließendem Sex, einmal die Woche. Ziemlich ökonomisch. Erst ein bisschen reden, um die emotionale Intimität aufrechtzuerhalten. Dann ab ins Bett.

Ich finde es ehrlich gesagt kritisch, wenn ein Paar nur noch Sex nach Plan hat. Damit meine ich nicht, dass Sex immer spontan sein muss. Der grandiose Sex, den ich in diesem Buch beschreibe, kann tendenziell immer passieren. Wenn ihr Sex aber nur noch plant, ist die Wahrscheinlichkeit groß, dass ihr nicht miteinander schlaft, wenn ihr es nicht eingeplant hattet. Das heißt, dass ihr aus sieben Tagen pro Woche, an denen ihr Sex haben könntet, per Terminkalender einen einzigen Tag macht. Wenn es dann aber mal nicht klappt, weil ihr euch streitet oder zu müde seid, dann dauert es direkt wieder eine ganze Woche bis zur nächsten Gelegenheit. Ihr habt dann so etwas wie eine stille Vereinbarung, es an anderen Abenden gar nicht erst zu versuchen.

Zugegebenermaßen ist es auch deprimierend, den anderen kunstvoll zu verführen – und der hat dann keinen Bock. Tja, kann passieren. Ich zähle das zu der Investitionsmasse, die du aufbringen musst, um guten Sex zu haben. Die Gefahr, Sex zu einem Termin verkommen zu lassen, ist zu groß. Natürlich ist ein Eheabend mit einmal Sex pro Woche besser als gar keiner. Aber ballert euch eure Freizeit bitte nicht dermaßen zu, dass öfters als einmal nicht drin ist. Und vor allem: Lasst nicht zu, dass euer Medienkonsum euer Sexleben ruiniert.

Wenn genau das euer Problem ist, habe ich einen guten Tipp für dich: Versuch beim nächsten Mal, den Netflix-Abend mit Sex zu verknüpfen. Schnapp dir das Massageöl und massiere deiner Frau während dem Film die Schultern, den Rücken, die Beine …

Ich habe mich entschieden, dem Sex in unserer Ehe Priorität zu geben! Nicht nur an einem Eheabend die Woche. Es ist eine Herzenseinstellung. Sex kommt an erster Stelle, vor den Bedürfnissen der Kinder, der Freunde, dem Hobby.

Wenn du glaubst, ein gutes Sexleben ergibt sich automatisch und du brauchst dir keine Gedanken darüber zu machen, werden sich mit großer Wahrscheinlichkeit schon bald der Frust, die Enttäuschung und Trübsinnigkeit einstellen. Du musst eurem Sexleben Priorität geben und es aktiv gestalten. Dabei kommt dir als Mann eine besondere Rolle als Initiator zu. Was das bedeutet, erkläre ich dir im Kapitel »Was du dir schon immer erträumt hast«.

SCHATZ,
ICH KOMM
HEUT ABEND
SPÄTER. VER-
SPROCHEN!

5.2 WIE WIR ÜBER SEX SPRECHEN KÖNNEN

Kommunikation ist wichtig für guten Sex. Jegliche Kommunikation. Egal, ob ihr euch über eure liebsten Reiseziele unterhaltet oder über Sex selbst. Kommunikation hilft euch nämlich dabei, emotional intim zu werden, und emotionale Intimität ist ein Schlüssel zu gutem Sex. Aber ihr müsst auch über Sex selbst, über eure Wünsche und Bedürfnisse, über Erinnerungen und Erlebnisse sprechen und darüber, wo ihr euch beim Thema Sex gegenseitig verletzt habt und Vergebung nötig ist. Leider ist es gar nicht so einfach, ehrlich und tief über Sex zu reden. Und in diesem Kapitel will ich dir dabei helfen. Es lohnt sich.

Die Grundlage für dieses Kapitel ist das Kapitel »Großartiger Sex braucht Intimität«, in dem ich ganz allgemein über Herzenskommunikation geschrieben habe. Reden über Sex ist halt auch Kommunikation.

DABEI GIBT ES VIER GRUNDSÄTZE:

Ihr braucht gegenseitiges **Vertrauen.** Anders geht es nicht. Gleichzeitig musst du die Dinge, die sie dir sagt, **vertraulich** behandeln. Sprich nicht mit deinem besten Kumpel hinter ihrem Rücken über euren Sex.

Das ist auch eine Frage von **Respekt.** Du respektierst den anderen, indem du das, was er sagt, für dich behältst. Gleichzeitig weißt du, dass du respektiert und nicht für Wünsche oder Bedürfnisse, die du äußerst, ausgelacht oder abgelehnt wirst.

Beide sind aber auch **offen** für Korrektur und Feedback. Wenn einer von beiden einen Wunsch hat, der nicht eurem moralischen Wertekompass entspricht, ist dieser Wunsch zwar valide, ihr braucht aber die Möglichkeit, diesen Wunsch anhand eurer Werte zu reflektieren, und die Freiheit, nicht jeden Wunsch erfüllen zu müssen.

Wir haben über die sechs Ebenen der Kommunikation gesprochen. Nun lasst uns diese Ebenen mal auf Sex übertragen. Das ist nicht immer ganz eindeutig. Häng dich nicht daran auf, dass du die einzelnen Ebenen vielleicht etwas anders begreifst oder einteilen würdest.

1. Small Talk über euer Sexleben
2. Fakten aus eurem Sexleben
3. Meinungen über euer Sexleben
4. Gefühle in Bezug auf euer Sexleben
5. Sexuelle Bedürfnisse und Wünsche
6. tiefe Überzeugungen rund ums Thema Sex

1. SMALL TALK

Sexy Small Talk bedeutet, ihr neckt euch, zieht euch auf, macht beiläufig sexy flirtende Bemerkungen. Du siehst schon: Selbst diese Ebene ist ungleich schwerer, wenn es dabei um Sex geht. Genau wie bei allem, was mit Sex zu tun hat, müsst ihr auch hier euren eigenen Stil finden, herausfinden, was gut ist, was dem anderen gefällt, womit sich beide wohlfühlen.

Mit sexy Small Talk könnt ihr euch gegenseitig anmachen.

ENTWICKELT EURE EIGENE SEXSPRACHE, KULTUR, GEHEIMSIGNALE ...

Haltet euch dabei an folgende Richtlinien: Es sollte humorvoll, liebevoll, charmant, verführerisch, wertschätzend und erotisch bleiben.

2. FAKTEN

Ziel dieser Art von Kommunikation ist es, euer Sexleben faktisch zu reflektieren: Wie oft habt ihr Sex, wie lang, wie intensiv und abwechslungsreich gestaltet ihr euren Geschlechtsverkehr?

3. MEINUNGEN

Daran schließt sich automatisch die Meinung zu diesen Fakten an. Also: Wir haben zweimal im Monat Sex, mir ist das aber zu wenig. Wir haben diesen und jenen Sex, meiner Meinung nach ist das aus diesen und jenen Gründen gut. Ich glaube nicht, dass es wichtig ist, gemeinsam zum Höhepunkt kommen, weil ...

Ab hier beginnt es, persönlicher zu werden und tiefer zu gehen. Du offenbarst etwas von dir. Die Art und Weise, wie du die Fakten einordnest, offenbart deinen Wertemaßstab, zeigt gewisse Prägungen und das, was du über euer Sexleben denkst.

DARÜBER ZU SPRECHEN IST MEGAWICHTIG, BIRGT ABER AUCH POTENZIAL FÜR SPANNUNGEN.

Wichtig ist, dass jeder offen und korrekturbereit ist, gleichzeitig aber die Meinung und das subjektive Empfinden des anderen respektiert, ohne sich dabei angegriffen zu fühlen oder verteidigen zu müssen. Meinungen können sich ändern. Meinungen können sich angleichen. Solange ihr euch diese Offenheit bewahrt und nicht stur auf eurer Meinung beharrt, kann eigentlich gar nicht so viel schiefgehen.

4. GEFÜHLE

Die Meinungen wiederum lassen sich bei diesem Thema schwer von Gefühlen trennen. Es ist nunmal ein sehr intimes Thema. Wenn du mit bestimmten Dingen in eurem Sexleben unzufrieden bist, ist das nicht nur deine Meinung. Dann hast du normalerweise Gefühle dazu. Du fühlst dich bestätigt, abgelehnt, erfüllt, gelangweilt, dreckig, benutzt, geliebt ...

Unsere Gefühlswelt ist komplex. Für uns Männer kommt oftmals hinzu, dass wir gar nicht so genau wissen, wie wir uns fühlen. Über deine Gefühle beim Sex zu sprechen ist deswegen sehr herausfordernd. Es birgt aber auch ein enormes Potenzial für Veränderung bei Dingen, die nicht so gut laufen.

Lass mich die Sache etwas vereinfachen: Es gibt vier Grundgefühle: Angst, Ärger, Trauer, Freude und zusätzlich je nach Theoriesystem Ekel oder Scham. Über diese Gefühle zu reden ist schon schwer genug, reicht aber völlig aus.

Es kostet viel Mut, Ängste zu offenbaren. Kaum etwas macht uns verletzlicher. Wenn wir aber lernen, konstruktiv mit Ängsten umzugehen, kann das unser Sexleben enorm bereichern und Vertrauen und Intimität stärken. Der wichtigste Schritt: einfach drüber quatschen.

ANGST

Ängste in Bezug auf Sex können beispielsweise sein: Die Angst zu versagen oder nicht zu genügen. Angst vor Ablehnung, Angst vor Trennung. Angst, für den anderen nicht attraktiv genug zu sein. Angst, den Partner sexuell nicht befriedigen zu können. Angst davor, hintergangen und betrogen zu werden.

Wenn ihr erst mal darüber sprecht, findet ihr vielleicht auch heraus, warum diese Ängste da sind. Ihr findet heraus, wann und wie sie entstanden sind. Dann könnt ihr sie gemeinsam vor Gott bringen. Und ihr könnt auf die Ängste des anderen gezielt eingehen. Wenn du zum Beispiel weißt, dass deine Partnerin Angst davor hat, in deinen Augen nicht schön genug zu sein, kannst du ihr immer wieder sagen, wie heiß du sie findest.

Wo empfindest du Ärger oder Frust? Hast du das Gefühl, sexuell zu kurz zu kommen? Beispielsweise, weil du meine Tipps beherzigst und dich deiner Partnerin ganz hingibst – und sie scheint das zwar zu genießen, aber nichts zurückzugeben? Wo werden deine Wünsche und Bedürfnisse nicht gestillt? Gibt es eine Grenzüberschreitung, die Wut in dir auslöst? Etwas, das du als falsch oder verletzend empfindest?

TRAUER

Trauer zu empfinden ist sehr wertvoll. Sie zeigt uns, dass das, was wir verloren haben, wichtig für uns war oder immer noch ist. Es kann dir die Kraft geben, dafür zu kämpfen, es wiederzugewinnen. Als Partner könnt ihr euch dabei helfen. Stell dir außerdem mal vor, wenn deine Partnerin dir mitteilt, dass sie gefrustet ist, weil sie sich sexuell von dir vernachlässigt fühlt – und du gestehst ihr daraufhin, dass genau dieser Umstand dich traurig macht, du damit aber nicht weißt, was konkret du tun kannst. Eure offene Kommunikation wird dazu beitragen, deine Trauer und ihren Frust zu lösen, und ihr werdet ganz neue Ebenen des Vertrauens, der Kommunikation, der emotionalen und auch körperlichen Intimität erreichen.

Wie kann Trauer aussehen? Vielleicht bist du traurig, dass ihr eure erste Liebe und Leidenschaft verloren habt. Dass durch fehlende Exklusivität die Intimität verloren gegangen ist. Oder du bist traurig über den Verlust eurer Einheit aufgrund von Streit und Auseinandersetzungen. Vielleicht kommt es dir so vor, als hättest du den Zugang zum Herzen deiner Partnerin verloren.

SCHAM

Auch über Scham zu sprechen ist nicht wirklich leicht. Scham offenbart sehr tiefe persönliche Empfindungen. Die anderen Gefühle beziehen sich auf äußerliche Situationen, die du als richtig, falsch, fürchterlich oder traurig interpretierst. Scham aber ist ein Gefühl, das sich auf dich selbst bezieht.

Vielleicht schämst du dich, weil du nicht von Pornografie loskommst? Vielleicht weil du dich schwach oder nicht als Mann fühlst? Oder du schämst dich für irgendwelche der oben genannten Gefühle der Angst, der Wut oder der Trauer. Schämst du dich vielleicht für deinen Körper?

Scham kann ein sehr starkes und damit lähmendes Gefühl sein. Übertriebene Scham verhindert die Entfaltung deiner Persönlichkeit. Scham kann dich aber auch nach vorne bringen, wenn du angemessen reflektierst und den Grund für deine Scham herausfindest. Wenn du an die Wurzel der Scham kommst, hast du die Möglichkeit, dass dein Herz in dem Bereich gesund und stark werden kann.

FREUDE

Zu guter Letzt bleibt noch die Freude. Über sie zu sprechen ist wahrscheinlich am leichtesten. Freude zeigt dir: Da läuft etwas richtig. Freude ist nicht davon abhängig, dass alles perfekt sein muss. Es gibt viele Dinge, über die ich mich freuen und für die ich dankbar sein kann, auch wenn sie nicht perfekt sind.

Gibt es solche Dinge in deinem Sexleben? Worüber freust du dich, was läuft gut? Sprich diese Dinge aus. Das kann ein guter Anfang sein, über

Gefühle zu sprechen. Aber bleibt nicht dabei stehen, nur weil es sich gut anfühlt.

5. BEDÜRFNISSE UND WÜNSCHE

Jeder von uns hat Wünsche und Bedürfnisse. Der eine ganz konkret, der andre eher vage.

Spätestens diese Ebene ist aber ein heikler Punkt. Denn hier kann die Angst vor Ablehnung blockieren. Deswegen sind Sicherheit und Vertrauen in die Liebe des anderen umso wichtiger. Ohne Sicherheit und Vertrauen wird keiner von euch beiden sein Herz öffnen und wirklich ehrlich werden. Ich meine, die Stufen drei und vier waren schon ehrlich, aber jetzt wird es eben noch ein Stück intensiver.

- Was wünschst du dir bezüglich der Häufigkeit von Sex in eurem Leben, bezüglich der Priorität, die Sex in eurem Alltag hat?

- Wie lang und intensiv sollte euer Geschlechtsverkehr sein? Wünschst du dir längeren, ausführlicheren, entspannteren, einfacheren, abenteuerlicheren Sex?

- Was sind deine Bedürfnisse? Welche Art Abwechslung wünschst du dir? Welche Stellungen und Experimente würdest du gerne mal ausprobieren? Wie stellst du dir mehr Kreativität in eurem Sexleben vor? Outdoor? Indoor? Im Auto? Auf dem Küchentisch, in der Dusche, in der Umkleidekabine?

- Welche Grenzen sind für dich wichtig? Was möchtest du auf keinen Fall? Wo fühlst du dich unwohl und warum?

Um diese Ebene zu meistern, ist es definitiv hilfreich, zuvor außerhalb der sexuellen Ebene über Wünsche und Bedürfnisse gesprochen zu haben. Respekt, wenn ihr das hinkriegt! Jetzt fehlt euch nur noch ein letzter Level.

6. ÜBERZEUGUNGEN UND PRÄGUNGEN

Deine tieferen Überzeugungen und Prägungen schließen direkt an deine Bedürfnisse und Wünsche an. Vielleicht kannst du diese Dinge nicht voneinander trennen. Ich würde die Grenze folgendermaßen ziehen: Wenn dein Partner deine Wünsche nicht beherzigen will, dann ist das halt so. Das kannst du wahrscheinlich akzeptieren, zumindest dann, wenn einige deiner Bedürfnisse befriedigt werden. Es kann aber sein, dass tiefere Überzeugungen aufeinanderprallen, die absolut nicht miteinander zu vereinbaren sind. Vielleicht in Bezug auf das Thema Exklusivität, Priorität, Rolle Mann–Frau oder Überzeugungen zu gewissen Sexpraktiken.

Wenn du spürst, dass einer deiner Wünsche, Meinungen oder Bedürfnisse nicht verhandelbar ist und zu einem Konflikt führt, wird es euch nicht leichtfallen, darüber zu sprechen. Denn das könnte eure Beziehung gefährden. Nicht darüber zu sprechen gefährdet aber eure Beziehung noch mehr.

Reflektiere deswegen deine Wünsche und Bedürfnisse im Licht deiner tiefen Überzeugungen und Prägungen. Es ist wichtig, dass ihr diese Dinge miteinander teilt. Sollte es Differenzen geben, könnte es euch tatsächlich schwerfallen, sie auszuräumen. Aber unmöglich ist das nicht. Vielleicht braucht ihr Hilfe von Paar- oder Sexualtherapeuten. Sucht euch diese Hilfe.

Nicht über eure Wünsche und Meinungen zu sprechen gefährdet eure Beziehung.

ÜBER SEX ZU REDEN ERFORDERT MUT, KANN MAN LERNEN, IST SPANNEND UND FÜR EINE LIEBESBEZIEHUNG ABSOLUT NOTWENDIG. ALSO, KEINE AUSREDEN MEHR! LET'S TALK ABOUT SEX!

LIBIDO IST KEINE TEESORTE!

5.3 WAS DU DIR SCHON IMMER ERTRÄUMT HAST

Fast jeder Mann träumt vermutlich von einer Frau, die einfach nur heiß auf ihn ist und immer Lust auf Sex hat – oder zumindest immer zufällig dann Sex haben will, wenn auch der Mann Sex haben will. Oder anders ausgedrückt: Männer träumen von einem Mann im Körper einer Frau.

Wovon Männer träumen, ist ganz einfach großartiger Sex. Und zwar möglichst viel davon. Wenn du die Lektionen aus diesem Buch zum Thema Exklusivität und Intimität gemeinsam mit deiner Partnerin umsetzt, legst du im Alltag wichtige Grundlagen für dein Sexleben.

Wie du dich konkret in Stellung bringst, möchte ich dir in diesem Kapitel zeigen. Damit meine ich aber keine Kamasutrastellungen, Taktiken oder Techniken. Dafür gibt es bereits sehr gute Bücher. Ich meine Dinge, die ihr unmittelbar vor und nach dem Sex umsetzen könnt. Die wichtigste Botschaft:

GUTER SEX BEGINNT IM HERZEN.

Damit meine ich, dass deine Herzenshaltung zum Thema Sex maßgeblich dafür ist, wie gut dein Sexleben ist. Dabei geht es nicht darum, Stereotype zu betonieren. Es geht mir auch nicht darum, sie einzureißen und neue aufzubauen. Nein, ich denke, das gewisse Dinge in vielen Fällen eher für Männer gelten und andere Dinge in vielen Fällen eher für Frauen. Auch leiten sich aus der Art, wie Gott Männer und Frauen geschaffen hat, bestimmte Dinge ab. Die wiederum nicht dazu da sind, uns zu knechten. Das heißt, dass es auch Männer und Frauen gibt, bei denen bestimmte Dinge einfach anders sind, und das ist dann auch gut so. Aber ich glaube, wenn wir uns darauf einlassen, dann werden uns diese grundlegenden

Wahrheiten helfen, Zusammenhänge zu verstehen oder wie in diesem Fall: besseren Sex zu haben.

DEINE HERZENSHALTUNG IST ENTSCHEIDEND

Ich bin schon an anderer Stelle auf deine Voreinstellung und Erfahrungen zum Thema Sex eingegangen. Und möchte jetzt über eine besonders weitverbreitete Sichtweise sprechen, die unterbewusst bei uns vorhanden sein kann:

SEX IST DAZU DA, UM MICH ZU BEFRIEDIGEN, DAMIT ICH GLÜCKLICH BIN.

Das ist eine sehr egoistische Perspektive auf Sex. Quasi Egosex. Ich vermute, dass viele Männer sie, ohne es zu merken, übernommen haben – durch die Art und Weise, wie Medien über Sex reden, durch bisherige sexuellen Erfahrungen, durch Pornokonsum und Selbstbefriedigung. Das hat also nichts mit dem Charakter zu tun und noch nicht einmal damit, welches Frauenbild ein Mann generell hat. Diese Haltung kann auch bei Männern vorkommen, die eigentlich eine sehr wertschätzende Achtung vor Frauen haben.

ACHTUNG!
Ich mache dir keine Vorwürfe. Darum geht es nicht. Die Vergangenheit ist, wie sie ist. Mir geht es um die Gegenwart und wie ich dir am besten dabei helfen kann, ein besseres Sexleben zu führen. Wenn da Egosex in deinem Herzen ist, will ich dir dabei helfen, ihn loszuwerden.

Neben deiner Vorstellung von Sex spielt dein Frauenbild aber natürlich auch eine entscheidende Rolle. Bewusst oder unbewusst hat jeder Mann eine gewisse Prägung über die Rollen und Aufgaben des Mannes und der Frau. Auch hier spielen deine Erziehung und deine Kindheit eine Rolle, also wie deine Eltern oder andere Erwachsene in deinem Umfeld miteinander umgegangen sind. Dein (bisheriger) Medienkonsum ist daran auch nicht ganz unbeteiligt.

Ein besonders krasses Bild liefern Pornos, in denen Frauen reine Sexobjekte sind, die immer und jederzeit sämtliche Fantasien des Mannes supergerne bedienen, in denen Sex und die Befriedigung des Mannes ihr größtes und einziges Hobby ist.

**WIE STEHST DU ZU DIESER THESE?
DENKE KURZ DARÜBER NACH.**

Häufig subtil verbreitet und eng mit Egosex verknüpft ist die Sichtweise: Sex ist das Recht des Mannes und die Pflicht der Frau. Eine gute Frau ist bereitwillig, lässt sich auf die Fantasien des Mannes ein. Eine schlechte Frau will nur Sex im Dunkeln mit Bettdecke drüber, hat aber im Grunde die ganze Zeit Kopfschmerzen. Ich fasse diese Sichtweisen einfach mal unter Egosex zusammen.

Das Problem solcher Frauenbilder und solcher Eogsex-Einstellungen ist, dass du nicht wirklich Sex mit deiner Frau hast. Es geht dir nicht um sie, es geht dir um dich selbst. Es geht dir nicht darum, eins zu werden, es geht dir darum, befriedigt zu werden. Mal etwas härter ausgedrückt: Du befriedigst dich selbst und nutzt dazu den Körper deiner Frau. Deine Egosex-Haltung verhindert, dass du dich richtig auf Sex einlassen kannst. Und sie behindert deine Frau zumindest daran, wiederum selbst mit der richtigen Einstellung Sex anzugehen und sich richtig darauf einlassen zu können. Denn deine Frau wird dabei zum sexuellen Dienstleister.

Denk mal drüber nach. Egosex bedeutet, dass du nach einem Tag, der dich geschlaucht hat, Sex zur Entspannung brauchst. Und den hättest du jetzt gerne von deiner Frau. Wozu seid ihr schließlich verheiratet, richtig? Es kann gut sein, dass deine Frau das merkt, dir etwas Gutes tun will und sich hergibt. Es kann auch sein, dass sie sowieso Lust auf Sex hatte. Aber was, wenn dem nicht so ist? Was, wenn sie selbst einen anstrengenden Tag hatte, wenn sie auf der Arbeit selbst gefordert war? Wenn Kunden etwas von ihr wollten, sie sich mit Kollegen rumärgern musste, wenn sie als Führungsperson den ganzen Tag irgendwelche Wehwehchen zu verarzten hatte oder wenn die Kinder anstrengend waren? Und abends kommt ihr Mann und will auch noch was von ihr: Sex.

Kannst du es verstehen, dass sie in dieser Situation keine Lust hat?

Deine Frau spürt das. Früher oder später spürt sie, dass es dir nur darum geht, deine Bedürfnisse zu befriedigen. Wenn sie dagegen spürt, dass es dir um sie geht, dass es dir darum geht, ihr etwas Gutes zu tun, sie zu verwöhnen, sie zu beschenken – wenn sie spürt, dass du nichts von ihr willst, sondern du ihr etwas geben willst, dann wird sie sich besser auf Sex einlassen können. Selbst an Tagen, an denen sie viel um die Ohren hatte. Denn dann muss sie ja nicht irgendwelche Spitzenleistungen im Bett vollbringen, um dir etwas Gutes zu tun. Dann kann sie sich zurücklehnen und genießen und sich entspannen.

Früher oder später spürt deine Frau, ob es dir nur darum geht, deine Bedürfnisse zu befriedigen. Oder um sie.

Auf der Grundlage biblischer Auslegungen von Rabbinern hatten die Juden in der Antike ein zu der heutigen Egohaltung vieler Männer ziemlich gegenteiliges Verständnis von Sex.

»Sex ist das Recht der Frau und die Pflicht des Mannes«, schreibt der jüdische Rabbi Shmuley Boteach in seinem Buch »Kosherer Sex«. Aus antiker jüdischer Sicht lag es in der Verantwortung des Mannes, dass seine Frau regelmäßig guten Sex mit ihm erlebte. Das war ihr Recht. Es geht mir nicht darum, dir einzutrichtern, was deine Pflichten oder Rechte sind. Ich finde die Perspektive aus dem antiken Israel, die Rabbi Boteach hier präsentiert, aber interessant. Es ist eine gänzlich andere Grundperspektive, ein echter Game-Changer in Sachen Sex. Natürlich geht es bei Sex nicht darum, Pflichten abzuleisten oder jemandes Recht zu gewährleisten. Es geht um deine Einstellung, es geht um Liebe, Intimität und Hingabe.

Im Neuen Testament beziehungsweise bei den ersten Christen sieht es übrigens nicht viel anders aus. Paulus sagt Ehepaaren, der Körper gehöre jeweils dem anderen. Wir sollten uns einander unterordnen und dem anderen mit unserem Körper beschenken. Das heißt, dass beide sich nicht in erster Linie darum Sorgen machen sollen, selbst befriedigt zu werden, sondern sich um das sexuelle Wohl des anderen kümmern sollen. Paulus fordert uns übrigens nirgends dazu auf, Geschlechtsverkehr von seiner Partnerin einzufordern. Nein, es ist deine Aufgabe, deine Frau mit deinem Körper zu verwöhnen. Im Optimalfall macht deine Frau umgekehrt das Gleiche mit dir.

Ich glaube aber, wenn deine Frau deine Herzenshaltung spürt und merkt, dass du dich eben nicht nur mit ihr selbst befriedigen willst, wird ihre Bereitschaft steigen, ihren Körper an dich zu verschenken.

In Epheser 5,25 (Elberfelder) steht außerdem: »Ihr Männer, liebt eure Frauen! Liebt sie so, wie Christus die Gemeinde geliebt hat: Er hat sein Leben für sie hingegeben.« Jesus hat in seiner Liebe und Hingabe den ersten Schritt gemacht. Weil wir seine Liebe und Hingabe erfahren, erwidern wir diese mit unserer Liebe und Hingabe an ihn. Und diese generelle Hingabe findet auch Ausdruck in der sexuellen Hingabe des Mannes an seine Frau.

Wenn du deine Frau höher achtest als dich selbst, stellst du deine sexuellen Bedürfnisse zurück. Es ist deine Aufgabe, den ersten Schritt zu machen, wie Jesus den ersten Schritt gemacht hat. Eine Frau, die auf diese Art regelmäßigen guten Sex erlebt, ist auf dieser Grundlage auch gerne bereit, ihren Körper ihrem Mann zu schenken, auch wenn ihr Körper gerade müde und erschöpft ist und sie keinerlei Lustempfindung verspürt. So ungefähr nach dem Motto:

»HIER BIN ICH, VERNASCH MICH, MEIN KÖRPER GEHÖRT DIR.«

Diese Haltung ist ein geistliches Prinzip. Das Schöne an solchen Prinzipien ist, dass Gott es belohnt, wenn wir uns danach ausrichten. Das heißt, dass der Mann, der sich seiner Frau sexuell hingibt, sie höher achtet als sich selbst, der ihre Bedürfnisse über die eigenen stellt, mehr Erfüllung und eigene Befriedigung erfahren wird, als wenn er nur seinen Egosex pflegt – und letztendlich wird er vermutlich auch viel mehr Sex haben.

DIE KUNST DER (VER-)FÜHRUNG

In unserer Gesellschaft und Medienlandschaft hat die Frau oftmals die Rolle der Verführerin inne: Sie ist die verlockende Falle. Sie lockt mit ihrem Körper und soll zum Kauf von so banalen Dingen wie Autos, Stereoanlagen oder Urlaubsreisen verleiten.

Und auch in der Bibel ist die Frau oft eine Verführerin, die zum Beispiel Adam dazu verführt, in die Frucht zu beißen. In den Sprüchen warnt König Salomo seine Söhne ausdrücklich vor den Verführungskünsten irgendwelcher Frauen. Diese Texte haben allerdings zwei Seiten: die Verführungskunst der Frau auf der einen und die Passivität des Mannes auf der anderen Seite. Adam steht bei der gesamten Geschichte stumm und dumm herum und lässt alles geschehen. Genau die gleiche Passivität wird auch in vielen Ehen zum Problem. Und damit meine ich nicht nur, dass Männer sich manchmal zu sehr aus dem gemeinsam Leben heraushalten und denken, es sei Aufgabe der Frau, den Haushalt zu schmeißen, während sie passiv auf dem Sofa herumgammeln und sich von ihrem anstrengenden Arbeitstag erholen. Ich glaube, dass es überwiegend in der Verantwortung des Mannes liegt, Sex zu initiieren. Warum? Weil bei den meisten Paaren der Mann viel häufiger Lust auf Sex hat als die Frau. Das hat mit dem Hormon Testosteron zu tun, das ich im Kapitel »Die Sexparty der Neurochemicals« beschreibe. Das heißt nicht, dass deine Frau nicht auch mal das Kommando übernehmen kann. Man muss die Sache auch nicht unnötig kompliziert machen: Wer Lust auf Sex hat, darf den anderen gerne verführen. Fertig.

Worum es mir in erster Linie geht, ist, euch Männer ein wenig wachzurütteln. Es ist der Killer für jede Sexbeziehung, wenn ein passiver Mann darauf wartet, dass seine Frau ihn bockig bespringt, wild auf ihm herumreitet und ihm jeden sexuellen Wunsch erfüllt.

Ich persönlich übernehme die Rolle des Initiators gerne. Meine Frau vertraut mir, sie weiß, dass ich mich durch Sex nicht einfach nur selbst befriedigen möchte. Und deswegen genießt sie es, wenn ich sie verführe. Natürlich genieße ich es genauso, wenn sie die Initiative ergreift, was sie auch immer wieder gerne macht. Aber ich mache unser Sexleben nicht davon abhängig, das ist der Unterschied.

Wie du deine Frau am besten verführst, das kannst du lernen. Fang doch einfach mal damit an. Mit der Zeit wirst du schon lernen, was deiner Frau gefällt. Es wäre auch keine schlechte Idee, einfach mal darüber zu sprechen.

Je nachdem in welcher Zyklusphase sich deine Frau gerade befindet, ist sie unterschiedlich lustempfindlich. In den Tagen, in dem sie auf dem hormonellen Höhepunkt ihrer Fruchtbarkeitsphase gemäß ihrem Monatszyklus ist, wird sie vielleicht nur darauf warten, dich bespringen zu können. Dann ist es auch leichter, sie zu verführen, wenn sie nicht ohnehin selbst die Initiative ergreift.

Zu anderen Zeiten musst du dir mehr Mühe geben. Dann ist es wenig hilfreich, wenn du plump fragst: »Bock zu ficken?« Das wird sie eher nicht überzeugen. Aber nur weil deine Frau ihr Verlangen nach Sex anders empfindet als du, heißt das nicht automatisch, dass sie keine oder nur selten Lust auf Sex hat. Sondern es ist ganz einfach deine Aufgabe, in ihr die Lust auf Sex zu wecken.

Ich betrachte es als meine männliche Stärke, aufgrund meiner Erregung und Lust auf sie, ihre Lust zu triggern.

WENN DU DEINE FRAU UMWIRBST, IHR KOMPLIMENTE MACHST, ANSPIELUNGEN DARAUF MACHST, DASS SIE EINEN GEILEN HINTERN HAT, DU SIE SEXY FINDEST, SIE VERFÜHREN MÖCHTEST, WIRD DAS IHRE LUST UND ERREGUNG IN SCHWUNG BRINGEN.

Wenn sie spürt, dass sie begehrt wird, ihr Körper dich anmacht, du dich nach ihr sehnst, wird sie sich gerne auf dich einlassen. Wenn du ihr dann noch körperlich Zeit gibst, ihr Nähe durch zärtliche Berührungen schenkst, wird auch ihr Körper mehr und mehr Lust empfinden und ihr Verlangen nach dir steigen. Franzi sagt mir das öfters, dass meine Lust und Erregung und die Art, wie ich sie begehre, ihre eigene Lust weckt.

Die meisten Männer reagieren ziemlich schnell auf visuelle Reize. Wenn meine Frau sich vor mir umzieht oder ich sie in der Dusche sehe, würde ich mir am liebsten gleich die Kleider vom Leib reißen und sie vernaschen.

MEIN HIRN SCHALTET AUF SEX UND ICH BIN READY TO GO!

Weil das ach so leicht geht, halten wir die Frauen ja auch für Verführungskünstlerinnen.

Der eigentliche Fehler ist aber, daraus zu schließen, dass Frauen ebenso leicht auf visuelle Reize reagieren. Nein, du musst dir schon Mühe geben und sie immer wieder neu erobern. Statt auf direkte Reize reagieren Frauen eher auf emotionale und körperliche Zärtlichkeit. Wenn du deiner Liebsten zuhörst, dich für sie interessierst, ihr Wertschätzung verbal ausdrückst oder ihr den Nacken oder die Schulter massierst, fühlt sie sich mit dir verbunden und möchte diese Verbundenheit irgendwann auch sexuell spüren. Dadurch wird ihr Lustempfinden geweckt und gesteigert, bis sie schließlich selbst ready ist!

Damit du mit deiner leidenschaftlichen Initiative für Sex deine Frau aber nicht überforderst, ist es wichtig zu verstehen, wie unterschiedlich die meisten Frauen Erregung empfinden und Lust auf Sex bekommen. Für uns Männer ist Sex ja auch deshalb wichtig, weil wir uns dadurch geliebt und in unserer Männlichkeit angenommen fühlen und auf diese Weise besonders leicht Intimität aufbauen können. Für Frauen ist es genau andersrum: Lust auf Sex entsteht bei ihnen mehr als Folge aus dem Gefühl, geliebt und wertgeschätzt zu sein. Und deswegen ist es wichtig zu wissen, wie wir dieses Gefühl bei unseren Frauen hervorrufen können.

Lust auf Sex entsteht bei Frauen aus dem Gefühl, geliebt zu sein.

Ich glaube, es ist sehr gut so, dass Frauen anders reagieren als Männer! Das fordert uns Männer heraus, uns auf unsere Frauen einzulassen, uns ihnen hinzugeben, sie zu achten, zu respektieren und sie genauso zu lieben, wie sie sind. Es bewahrt uns davor, Egosex zu kultivieren und uns einfach nur 'nen schnellen Fick zu holen, dabei aber das Schönste am Sex zu verpassen: Nämlich mit der Frau unseres Lebens körperlich und seelisch zu verschmelzen.

VORSPIEL = VOR DEM SPIEL

Jeder Profisportler nimmt sich Zeit, um seinen Körper aufzuwärmen, seinen Muskeltonus hochzufahren, seinen Kreislauf zu stimulieren. Beim Sex ist das genauso notwendig. Allerdings ist diese Aufwärmphase bei Männern tendenziell eher kurz. Du siehst deine Frau nackt, Blut strömt in deinen Schwellkörper, dein Penis wird hart und du kannst loslegen. Es ist, als ob man einfach einen Schalter umlegen müsste. So. Jetzt Sex. Klick.

Bei deiner Frau sieht die Aufwärmphase ganz anders aus. Einen Sexschalter gibt es bei ihr nicht und sie reagiert vermutlich auch nicht so stark auf die Optik deines Traumkörpers. Wenn du willst, dass deine Frau Sex genießen kann und nicht gedanklich woanders ist, dann gib ihr Zeit.

Das ist ungefähr so, als ob du ein gutes Steak zubereiten willst. Das Roastbeef wird kurz heiß angebraten und dann über einen längeren Zeitraum schonend und langsam fertig gegart. Diesen Vorgang nennt man Niedergaren und das Fleisch wird dadurch sehr saftig und zart.

Vorfreude ist ein wichtiger Aspekt des Vorspiels für die Frau: Wenn sie weiß, dass du dir Zeit nimmst, dir Mühe gibst und etwas investierst, dann kann sie sich auf den Sex mit dir freuen.

Du kommst heim, machst die Schublade Sex auf, kommst zum Orgasmus und machst sie wieder zu. Aus. Bei deiner Frau ist es anders. Und das bedeutet, dass die Intimität in der Ehe nicht erst im Schlafzimmer beginnt; sie findet dort ihren Höhepunkt. Intimität beginnt in der Küche, im Wohnzimmer, im Auto, bei den Kindern. Kurz gesagt im Alltag: Wie du dich deiner Frau gegenüber in der Küche, im Wohnzimmer oder im Garten verhältst, steht in direktem Zusammenhang mit ihrem Verhalten dir gegenüber im Schlafzimmer.

Intimität in der Ehe findet im Schlafzimmer ihren Höhepunkt!

Vielleicht kannst du den Romantic Lover einfach an- und ausschalten. Deine Frau eher nicht.

Das liegt daran, dass Frauen oft viel vernetzter denken als Männer. Alles ist mit allem verbunden. Ihr Gehirn ist wie ein riesiges Netzwerk. Was in einem Teil des Gehirns wahrgenommen und verarbeitet wird, wird sofort in Zusammenhang mit allen anderen gestellt. Deswegen gilt folgendes Prinzip:

Was du in alltäglichen Situationen an Liebe, Wertschätzung und Respekt säest, wirst du im Schlafzimmer ernten.

IDEEN FÜR DEN »ROMANTIC LOVER« IM ALLTAG

Scheiße Mann, lass dir selbst was einfallen. Das kriegst du schon hin. Tu einfach so, als wäre sie die krasseste Braut auf der Welt und du wolltest sie erobern. Kauf ihr Blumen, halt ihr die Tür auf, trag sie auf Händen, nimm ihr den Abwasch ab. Sei ihr Held.

Franzi und ich genießen abends die Zeit, um über unseren Tag zu sprechen. Im Sommer sitzen wir gerne mit einem Cocktail auf dem Balkon. Sie erzählt mir einfach, was los war, was sie beschäftigt, ich höre zu, bin interessiert, bin für sie da, erzähle ein bisschen von meinem Tag. Vielleicht tut dir das ja auch gut. Allerdings ist es bei Männern auch oft so, dass sie den Arbeitstag lieber in eine Box stopfen, sie ganz schnell zumachen und erst morgen früh fünf Minuten vor Arbeitsbeginn wieder aufmachen. Aber bei Frauen ist das Denken oft komplexer. Dann gibt es so eine Schublade nicht, in der sie ihre Arbeitserlebnisse ablegen könnten. Stattdessen reden sie lieber darüber – am liebsten mit dir.

KLEINER TIPP AM RANDE:

Dein Interesse an ihr muss schon authentisch sein. Wenn du deiner Frau was vormachst, merkt sie das ziemlich schnell.

Natürlich kann es sein, dass sich deine Frau auf Sex einlässt, auch wenn du sie im Alltag nicht wertschätzt, sie nicht verwöhnst, ihr nicht hilfst, dich nicht für ihren Tag interessierst. Sie weiß ja, dass Sex wichtig ist, sie weiß ja, dass du ihn brauchst, sie will dir ja was Gutes tun und vielleicht macht es ihr ja auch Spaß.

Aber wie viel Spaß wirds dir machen, wenn sie gar nicht richtig bei der Sache ist, weil sie an irgendwelche Termine, Konflikte, Einkaufslisten und To-do-Listen denken muss? Wenn sie im Bett nicht fokussiert ist, weil sie noch ganz woanders ist? Wenn sie kaum Lustempfinden zeigt? Eher weniger. Da bist du dann selber schuld, mein Lieber. Hättest du ihr mal etwas mehr Zeit gelassen und in Herzensnähe investiert ...

Lustlose Frau? Da bist du selbst Schuld, mein Lieber!

Ich finde es wichtig, dass ihr als Paar eure eigene Vorspielgewohnheiten entwickelt. Lass mich dir erzählen, wie bei uns das Vorspiel nicht nur ein Mittel zum Zweck für den »richtigen« Sex ist, sondern ein prominenter Teil unseres Sexlebens geworden ist.

Ich würde jetzt nicht sagen, dass ich ein mega Romantiker bin und wir nur bei Kerzenschein und Rosenduft Sex haben. Das kommt schon auch vor, ist aber nicht die Regel. Aber worin ich gut bin, ist, meine Frau nach einem anstrengenden Tag zu verwöhnen.

ICH NENNE ES WELLNESSSEX.

Jede Frau mag Wellness. Jede Frau möchte gerne verwöhnt werden. Meine Frau liebt es, wenn ich sie massiere. Es hilft ihr zu entspannen, ihre Gedanken ordnen sich. Sie spürt mich. Hat nicht den Druck, irgendwas machen zu müssen. Sie kann einfach sein, genießen, runterfahren. Ich glaube, keine Frau ist jemals zu müde, um sich einfach nur massieren zu lassen. Nach einem stressigen Tag, an dem die Kids echt intensiv waren, dauernd irgendjemand was von ihr wollte, ist das jetzt ihre Zeit. Sie kann auftanken. Ihr Körper spürt die Verbindung zu mir. Sie spürt meine Erregung. Ich liebe den Körper meiner Frau. Ich liebe es, sie zu verwöhnen. Ich genieße sie. Das wiederum erregt ihre Lust auf Sex mit mir. Eigentlich endet so ein Vorspiel bei uns so gut wie immer mit Sex. Sex, der uns Kraft gibt, der unsere Gefühle füreinander verstärkt. Sex, bei dem sie entspannt ist, loslassen kann, sich einfach mir anvertraut und wir einen schönen gemeinsamen Höhepunkt erleben.

NACH DEM SEX IST VOR DEM SEX

Wenn es ein Vorspiel gibt, muss es auch ein »Nachspiel« geben. Ist irgendwie logisch, oder? Mit Nachspiel meine ich aber nicht, drei Minuten noch mal Vollgas zu geben, um noch ein Tor zu erzielen und das Ergebnis zu wenden. Mit Nachspiel meine ich, dass es sehr wichtig ist, wie die sexuelle Begegnung für deine Frau aufhört. Du kennst ja die Aussage: Nach dem Spiel ist vor dem Spiel.

Für Frauen ist die Erinnerung an das letzte Mal entscheidend, ob und wie sie sich auf den nächsten Sex freut oder eben nicht. Wie schon gesagt ist die Wahrnehmung der Frau tendenziell viel verknüpfter als beim Mann. Deswegen spielen Erinnerungen eine wichtige Rolle.

Wenn nach dem Sex bei ihr die Glücksgefühle der Freude, Dankbarkeit, Bewunderung, Wertschätzung bleiben, wird sie mit diesen Gefühlen der nächsten Gelegenheit entgegenfiebern und sich darauf freuen.

Weil sie sich noch gut daran erinnert, wie schön das letzte Mal war. Auch ihr Körper wird viel schneller Lustempfinden verspüren beziehungsweise auf die Initiative des Mannes reagieren. Deswegen ist es wichtig für euer Sexleben, jedes Mal zu einem positiven glücklichen Ende zu kommen – selbst dann, wenn sie keinen Höhepunkt hatte. Diese Zeit von Zweisamkeit und Zärtlichkeit nach dem Sex ist wichtig für das nächste Mal. Denn wir alles wissen: Nach dem Sex ist vor dem Sex.

Wenn ihr beide mit Gott unterwegs seid, ist es eine schöne Angewohnheit, nach dem Sex gemeinsam zu beten, Gott zu danken und einander zu segnen.

LIEBER 69 ALS 08/15?

5.4 EUER SEXSTYLE

Wenn ihr euch bereits über euer Sexualleben unterhaltet, dann wisst ihr inzwischen voneinander, welche Wünsche, Vorstellungen und Bedürfnisse ihr habt. Auch hier gibt es übrigens keinen zeitlich linearen Zusammenhang von Theorie und Praxis. Ihr müsst nicht erst ausladend und abschließend über Sex gesprochen haben, bevor ihr miteinander ins Bett geht. Im Gegenteil. Stell dir vor, du äußerst ein bisher gut gehütetes Geheimnis über einen deiner Sexwünsche – und deine Frau geht überraschend darauf ein. Das wird dich beim nächsten Mal ermutigen, offener über euer Sexleben zu sprechen. Genau deswegen ist es ja auch so wichtig, sich gegenseitig zu ehren und zu achten, wenn man über Sex redet. Dass genau das passiert, kannst du natürlich nicht planen. Was du dagegen planen kannst, ist, die Wünsche deiner Frau bei nächster Gelegenheit zu erfüllen.

IN EINER GESUNDEN SEXUALITÄT STECKT SO VIEL POTENZIAL FÜR EROTIK, ABENTEUER, KREATIVITÄT, ABWECHSLUNG, SPANNUNG UND ROMANTIK!

Auch wenn sicherlich nicht alles, was man im Bett anstellen kann, mit der Bibel unter eine Decke zu bringen ist, glaube ich, dass hier für jeden etwas dabei ist. Die Spielwiese ist groß genug und ich glaube, sie war Gottes Idee.

Warum sollte Gott so etwas Geniales wie Sex kreieren? Sicherlich nicht, damit wir dann etwas Langweiliges, Biederes und Verklemmtes daraus machen! Ein langweiliges Sexleben dürfte in den meisten Fällen eher problematisch sein, weil Sex so zur Routine verkommt und damit seine Kraft verliert oder weil ihr eure unterdrückten sexuellen Fantasien und Wünsche im Internet oder anderswo auslebt.

Andererseits möchte ich auch ganz deutlich sagen, dass die Abwechslung, Abenteuerlichkeit und Artistik von Sex in manchen Medien, insbesondere in Pornos, sicherlich kein realistischer Maßstab sind.

Wie ein solches Sexualleben aussehen kann, ist individuell. Es gibt kein Schema F, weder was die Häufigkeit noch die Orte oder die Dauer angeht. Weil jede Person und jedes Paar anders ist, könnt ihr für euch selbst herausfinden, was euch Freude macht.

Was ist denn jetzt aber mit all den verschiedenen Dingen, die man im Bett so anstellen kann? Gibt es Stellungen, die tabu sein sollten? Was ist mit Oralsex? Ist gemeinsamer Pornokonsum in Ordnung? Vielleicht fragst du dich, auf welche Wünsche deines Partners du eingehen musst? Und ob du ein Recht hast, dass deine Partnerin auf deine eingeht?

Grundsätzlich würde ich sagen:

ERLAUBT IST, WAS EUCH BEIDEN SPAß MACHT.

Zu den gesunden Grenzen komme ich später. Du musst nicht jeden Wunsch erfüllen und wenn nicht jedes deiner Bedürfnisse befriedigt wird, kann dein Sexleben trotzdem genial sein. Dennoch kann es zum Problem werden, wenn ihr euch uneinig seid und die Wünsche und Bedürfnisse des anderen ablehnt. Insbesondere wenn es um gewichtige Bedürfnisse und tiefe Überzeugungen geht. Wenn ihr hier selbst nicht weiterkommt, empfehle ich euch, einen christlichen Paar- oder gar Sexualtherapeuten aufzusuchen.

Ich teile euch aber gerne auch meine Meinung und Einschätzungen zu verschiedenen Praktiken mit. Es geht mir aber nicht darum, dir eine praktische anatomische Anleitung zu geben. Dafür gibt es genügend andere gute Bücher, die ich dir im Kapitel »Hör nicht auf zu lernen« vorstellen möchte.

UND, WAS LÄUFT BEI EUCH?

Grundsätzlich glaube ich, dass ein Ehepaar Sex an unterschiedlichen Orten und zu allen möglichen Tageszeiten genießen und ausprobieren kann. Mal morgens, mittags, nachmittags, abends, nachts, mal im Bett, im Bad, in der Dusche, auf dem Küchentisch, im Wohnzimmer, im Auto, im Wald, auf einem Ruderboot auf dem See ...

Das bedeutet nicht, dass jeder Sex ultimativ krass kreativ und abwechslungsreich sein muss. Ihr werdet wahrscheinlich meistens im Schlafzimmer Sex haben und das ist vollkommen in Ordnung. Baut euch da bitte keinen Druck auf, indem ihr dauernd versucht, Kreativitätspreise zu gewinnen. Wenn es allerdings nur nach 22 Uhr ohne Licht im Bett geht und ihr von der Routine schon gelangweilt seid, solltet ihr mal darüber nachdenken, etwas mehr Erotik zu wagen.

Wage immer wieder mehr Erotik!

MYTHOS #7: ALLES, WAS IM BETT SPASS MACHT, TUT AUCH GUT.

Ich glaube nicht, dass der Spaß das wichtigste Kriterium dafür ist, was guttut. Das gilt beim Sex genauso wenig wie in anderen Lebensbereichen. Das Blöde ist: Nicht immer sind negative Konsequenzen sofort deutlich sichtbar. Ich halte es deswegen für weise, Gott zu fragen, welche Dinge er für uns gut findet.

Das Gleiche gilt für Sexstellungen und akrobatische Experimente. Natürlich könnt ihr ausprobieren, worauf ihr Lust habt. Aber versucht nicht, in einer Woche das Kamasutra abzuarbeiten. Um deine Partnerin zum Orgasmus zu bringen, brauchst du ohnehin nicht zwingend viele verschiedene Stellungen und ständige Wechsel. Die gängigsten Stellungen sind aus einem guten Grund gängig: Missionarsstellung, Doggystyle oder die Reiterstellung – mit gewissen Variationen. Wenn du dir unsicher bist, welche Stellung deine Frau bevorzugt und wie sie am schnellsten kommt, dann frag sie einfach! Aber nicht während dem Sex. Das wird sie unnötig unter Druck setzen. Warte auf eine Gelegenheit bei lockerer Atmosphäre. Zum Beispiel, wenn ihr guten Sex hattet und zusammen im Bett liegt.

Auch wenn tendenziell eine Handvoll Stellungen ausreichen, um zum Orgasmus zu kommen, spricht meiner Meinung nach nichts dagegen, unterschiedlichen Stellungen auszuprobieren und kreativ zu sein. Um glücklichen und erfüllten Sex zu haben, ist jedoch weniger die Stellung wichtig, sondern die Herzensintimität und seelische Verbundenheit des Paares. Wenn dieses Vertrauen und diese Verbundenheit und gegenseitige Hingabe in der Beziehung stark sind, spricht nichts dagegen, seinen Partner von vorne, von hinten, von oben, von unten, mit der Hand, dem Mund, den Brüsten und womit auch immer zu verwöhnen. Solange beide es genießen, sich wohlfühlen und nicht das Gefühl haben, die sexuellen Anforderungen des anderen wie in einem Leistungstest erfüllen zu müssen, ist es doch in Ordnung, wenn ihr euren Körper genießt und euch beschenkt.

Tja, wahrscheinlich hast du es dir bereits gedacht. Ich würde dennoch ein paar Grenzen setzen:

- Erlaubt ist, was Freude macht. Aber kein Partner sollte den anderen zu Dingen drängen oder zwingen.
- Sex sollte immer im Rahmen eurer Ehe stattfinden. Das heißt: Swingerpartys, Dreier und so weiter sind tabu.
- Das schließt auch Pornos ein, selbst wenn ihr diese gemeinsam konsumiert. Pornos zerstören Exklusivität und damit auch Intimität.

Ich persönlich glaube auch, dass BDSM (vom Englischen »Bondage & Discipline, Dominance & Submission, Sadism & Masochism«) nicht Gottes Idee von Sex entspricht. Obwohl diese Art von Sex durch Bücher wie »Fifty Shades of Grey« als die ultimative sexuelle Befriedigung dargestellt wird. Ich glaube, dass Schmerzen, Dominanz und Erniedrigung eine verdrehte Form von Sex darstellen. Es geht nicht darum, den anderen zu dominieren, und auch nicht darum, sich zu unterwerfen. Es geht darum, den anderen zu beschenken, sich einander unterzuordnen, dem anderen zu dienen. Da gibt es einen Unterschied.

In den Medien gibts auch immer wieder Aussagen darüber, wie oft ein Mensch Sex haben oder wie oft Paare miteinander schlafen sollten. Vergiss dieses »sollten«.

JEDES PAAR BRAUCHT SEINEN EIGENEN RHYTHMUS UND EINE GEMEINSAME VORSTELLUNG DARÜBER, WAS FÜR SIE ZU VIEL ODER ZU WENIG SEX IST.

Das hängt von vielen individuellen Faktoren ab wie dem Zyklus der Frau, was für ein Typ Mann du bist, wie deine Partnerin drauf ist, wie stark euer Sextrieb ist, in welcher Lebensphase ihr seid, von eurem Alter. Da kann man nur schwer eine Benchmark aufstellen. Wichtig ist, dass ihr euren Rhythmus habt und beide damit happy und zufrieden seid.

Ohnehin gibt es besondere Phasen, in denen es euch nur schwer bis unmöglich ist, miteinander zu schlafen. Dazu gehören Krankheiten, möglicherweise in der Schwangerschaft oder unmittelbar nach der Geburt, unter schwierigen wohnlichen Bedingungen und so weiter.

Ich vermute allerdings, dass einer oder auch beide nicht voll zufrieden mit dem Sexualleben ist, wenn es nur einmal im Monat oder sogar seltener Sex gibt. Schon allein deswegen, weil dann die Oxytocin- und Testosteronausschüttung nicht in Schwung kommt. Redet darüber, wie oft ihr gerne Sex hättet. Und wenn ihr seltener miteinander schlaft, fragt euch, warum das so ist. Vielleicht stoßt ihr auf tiefere Themen, die bei einem von euch oder in eurer Beziehung nicht cool sind, die ihr aber in Ordnung bringen könnt.

IN DEN ALLERMEISTEN FÄLLEN DÜRFTE EIN- BIS ZWEIMAL SEX PRO MONAT ZU WENIG FÜR EIN GESUNDES SEXLEBEN SEIN.

Wichtig ist dabei zu verstehen, dass Männer und Frauen anders auf Sexpausen reagieren. Wenn ein Mann länger keinen Sex mehr hatte, stehen sein Hoden und seine Prostata mächtig unter Druck. Seine Erregung steigt, genau wie sein Testosteronspiegel und sein Verlangen nach Sex. Wenn er seine Frau dann nur nackt sieht, kommt er schon fast zum Orgasmus. Beim Sex muss er sich sehr konzentrieren, nicht zu schnell den Höhepunkt zu erreichen.

Bei der Frau ist es oft genau umgekehrt. Wenn sie länger keinen Sex hatte, fährt ihr Lustempfinden runter. Wenn sie dann beispielsweise von einer Geschäftsreise zurückkommt oder welcher Grund auch immer für die Sexpause verantwortlich war, braucht sie erst mal Zeit, sich ihrem Mann wieder emotional anzunähern. Das geht, indem beide Zeit zusammen verbringen, sich austauschen, die Dinge, die in der Zwischenzeit passiert sind, im Gespräch verarbeiten. Natürlich freut sie sich dann auf Sex, muss aber erst wieder seelische Intimität spüren. Tendenziell wird sie sich nicht voller Lust über ihren Mann hermachen, kaum dass sie zu Hause ist. Diese Lust muss erst wieder durch Nähe, Kommunikation, Zärtlichkeit geweckt werden.

Wenn ihr hingegen ein regelmäßiges gutes Sexleben habt, fällt es deiner Frau viel einfacher, sich auf Sex einzulassen. Ihr Körper wird entsprechend schnell reagieren, vorausgesetzt, die seelische Intimität, über die ich oben geschrieben habe, ist konstant vorhanden.

Auch die Länge und Intensität des Geschlechtsverkehrs kann variieren. Mal nehmt ihr euch viel Zeit, genießt den Abend, die Gespräche, das Vorspiel, die Massage, unterschiedliche Stellungen, bis ihr gemeinsam das Finale zelebriert. Dann gibt es aber auch Abende, an denen ihr schon müder seid, aber trotzdem gerne noch Sex habt. Dann dauert es halt nicht so lang. Es spricht auch nichts gegen einen 2-Minuten-Quickie. Allerdings sollte jede Form von Sex in einen gesunden Rhythmus eingebettet sein, in dem insbesondere der ausführliche und intensive Sex nicht zu kurz kommt. Für Mann und Frau ist der Orgasmus nach einem ausführlicheren Liebesspiel intensiver und schöner. Wenn euer Sexleben insgesamt gut ist, kann die Frau aber auch bei einem Quickie einen großartigen Orgasmus haben, obwohl ihre Erregungskurve bis zum Höhepunkt tendenziell eher länger dauert als beim Mann.

Der Orgasmus nach einem Liebesspiel ist schöner – für beide!

WER A SAGT,
MUSS AUCH
OOOOOHH
SAGEN

5.5 DAS HÖCHSTE DER GEFÜHLE

Der Orgasmus ist ein körperlicher Reflex und eine anatomische Meisterleistung unseres Schöpfers. Ich glaube, Gott hat uns dieses Geschenk gemacht, damit wir den Sex und die Intimität mit unserem Partner so richtig genießen können. Danke, Gott!

Der Orgasmus ist aber nicht nur faszinierend, sondern auch mystisch und geheimnisvoll. Ganz einfach deshalb, weil es Sexualwissenschaftlern bis heute nicht gelungen ist, den Orgasmus der Frau ganz zu begreifen und beispielsweise die Frage zu beantworten, warum Frauen überhaupt einen Orgasmus haben können – biologisch gesehen ist er nämlich gar nicht notwendig. John Bancroft, ein bekannter Sexualwissenschaftler, schreibt in seinem Buch »Grundlagen und Probleme menschlicher Sexualität« dazu Folgendes: »Von allen sexuellen Reaktionen ist der Orgasmus die geheimnisvollste und am wenigsten gut verstandene.«

Der Orgasmus ist der wohl beliebteste und genussvollste Körperreflex. Nichts ist mit ihm gleichzusetzen. Er ist der Höhepunkt beim Sex, weil er uns ein schier unbeschreibliches Erlebnis von Ekstase und Lust verschafft. Er ist der Gipfel der Leidenschaft. Und natürlich ein wichtiger Bestandteil von großartigem Sex.

Für dich als Mann dürfte es kein Problem sein, zum Orgasmus zu kommen. Bei Frauen sieht das allerdings anders aus. Sexualwissenschaftler sprechen deswegen vom Orgasmus-Gap: Laut dem Durex Global Sex Survey haben nur etwa 30 Prozent der deutschen Frauen regelmäßig einen Orgasmus beim Sex.[17] Forscher der Chapman University in Kalifornien ermittelten, dass immerhin 65 Prozent der amerikanischen Frauen fast immer zum Orgasmus kommen.[18] Auch in diesem Fall ist die Lücke zwischen Männern und Frauen ziemlich groß. In anderen Studien geben Frauen an, der Orgasmus sei ihnen beim Sex gar nicht so wichtig.[19]

NICHT SO WICHTIG?

Wer sollte sich so etwas Wunderbares, Kraftvolles, Elektrisierendes entgehen lassen? Die Frauen in der Studie geben an, der Orgasmus des Partners sei ihnen wichtiger. Das ist eine noble Einstellung. Ich vermute, dass diese Aussagen auch mit den sexuellen Erfahrungen von Frauen zu tun haben: Sie erleben einfach selten Orgasmen und geben sich deswegen inzwischen mit weniger zufrieden – oder haben tatsächlich noch nie einen erlebt und wissen gar nicht, was ihnen entgeht.

Untermauert von Studien und Erfahrungsberichten wird immer wieder geschrieben, dass der gleichzeitige Höhepunkt beim Geschlechtsverkehr von Mann und Frau durch Penetration (Penis-in-Vagina-Sex) eher selten ist und nicht als Ziel definiert werden sollte. Ich kann verstehen, dass ein solches Ziel ganz schön Druck machen kann und der Sex dadurch eher verkrampft wird.

Hier sind wir an einem sehr heiklen Punkt angelangt. Soll Mann eher davon ausgehen, dass es halt ist, wie es ist, und sich damit abfinden? Mann könnte sich doch aber auch die Frage stellen, warum es ist, wie es ist. Warum sollten Frauen nicht genauso häufig Orgasmen erleben wie Männer? Ist es fair zu sagen: »Glück für uns Männer, Pech für die Frauen?« Wäre es nicht wunderbar und wünschenswert, wenn du mit deiner Frau regelmäßig Sex hast und ihr bis auf wenige Ausnahmen immer gemeinsame Orgasmen erlebt?

Ich möchte dir Mut machen, wenn es bei euch mit dem gemeinsamen Orgasmus noch nicht so klappt, diesen Zustand nicht einfach als normal zu akzeptieren. Wenn ihr das tut, habt ihr schon aufgegeben und es wird sich ganz sicher nichts ändern.

Sex ohne Orgasmus für die Frau muss kein schlechter Sex sein. Und auch wenn der Sex nicht bombastisch ist, heißt das nicht, dass eure Ehe schlecht ist. Aber ist es nicht so, dass ohne Sex in der Ehe etwas fehlt und dass auch ohne den Orgasmus beim Sex etwas fehlt? Ich kann mir nicht vorstellen, dass Gott den Orgasmus so designt hat, dass er für einen Großteil der Frauen meistens unerreichbar ist und sie damit die Arschkarte gezogen haben.

ICH GLAUBE NICHT, DASS DIESER ORGASMUS-GAP GOTTES PLAN IST, SONDERN DASS ES ANDERE GRÜNDE GIBT.

Die logische Folge daraus wäre, dass es möglich sein muss, diese Lücke zu verkleinern oder ganz zu schließen. Ganz konkret für jedes Paar heißt das, dass es Wege geben muss, damit umzugehen, wenn ihr unbefriedigenden Sex habt, ihr keine gemeinsamen oder deine Frau gar keinen Orgasmus erlebt. Und ich glaube nicht, dass es sinnvoll ist, die Ansprüche zu senken. Hört nicht auf, nach diesen Wegen zu suchen! Ich möchte euch alles, was ich zu diesem Thema zu sagen habe, mitgeben, um euch so gut es geht zu unterstützen.

Vielleicht fehlt euch ja Intimität und Exklusivität. Vielleicht fehlt deiner Frau das Vertrauen und die Sicherheit, um wirklich die Kontrolle abgeben und sich vollkommen fallen lassen zu können. Vielleicht ist meine Interpretation der Bibel doch nicht so daneben und Sex braucht tatsächlich den Schutzrahmen eines lebenslangen Commitments im Rahmen des Ehebundes? Vielleicht habt ihr bisher Sex vernachlässigt und müsst ihm einfach eine größere Priorität in eurer Ehe geben?

Es ist ein äußerst komplexes Thema. Es kann 1000 Gründe haben, warum deine Frau nicht zum Orgasmus kommt oder ihr keine gemeinsamen Orgasmen erlebt. Von ganz banalen Gründen wie einem mangelnden Verständnis darüber, wie der Orgasmus einer Frau funktioniert, über rein anatomische Gründe bis hin zu wirklich tiefer liegenden seelischen Gründen. Es würde den Rahmen dieses Buches und auch den meiner Kompetenz sprengen, wenn ich auf all diese Gründe im Detail eingehen würde.

TIPP: Im Kapitel »Hör nicht auf zu lernen« werden ich dir aber ein paar hilfreiche weiterführende Bücher zu diesem Thema empfehlen.

Ich schreibe dieses Buch in erster Linie für Männer und ich möchte dich als Mann challengen, alles zu geben, was in deinen Möglichkeiten steht. Resigniere nicht! Ich möchte nicht, dass du den Orgasmus-Segen verpasst, den Gott für euer Sexleben bereithält. Ich bin davon überzeugt, dass sich Gott für euch wünscht, dass euer Sexleben aufblüht, dass es erotisch und erfüllend für euch beide ist, dass die Leidenschaft nicht nachlässt, sondern sie durch euer Sexleben immer wieder neu entfacht wird. Es steht in deiner Macht, die Dinge, die ich in diesem Buch nenne, anzupacken. Es kann zwar sein, dass deine Erwartungen dennoch nicht zu 100 Prozent erfüllt werden. Doch selbst dann wird dein Engagement euer Sexleben verbessern. Das verspreche ich dir.

Den großartigen Sex, von dem ich spreche, gibt es nicht billig. Er kostet dich und auch deine Partnerin etwas. Er ist exklusiv, damit aber auch sehr wertvoll. Egal, wie gut euer Sexleben aktuell ist, ihr müsst etwas dafür tun, damit der Sex in Zukunft gut ist und auch gut bleibt. Also kämpft dafür! Investiert, lernt, übt, probiert, kommuniziert, gebt alles!

Egal, wie gut euer Sexleben aktuell ist – es gibt immer was zu lernen. Also: Investiert und probiert euch aus!

Ich glaube, dass meine Tipps in den meisten Fällen zu erfüllterem Sex führen werden. Wenn es nicht gleich klappt, nehmt es mit Humor, macht euch keinen Stress. Aber gebt nicht auf, euer Sexleben weiterzuentwickeln.

Wenn du jetzt aber nach einem festen Schema, einer Methode oder der einen Strategie für euer Sexleben suchst, muss ich dir sagen: Die gibt es leider nicht! Das liegt daran, dass wir alle zwar ähnlich, letztendlich dann aber doch verschieden sind. Außerdem werden unser Sextrieb und unsere Erregung von Hormonen und unserem Gehirn gesteuert – und diese komplexen Zusammenhänge können wir noch gar nicht richtig erklären. Und das gilt ganz besonders für Frauen.

Das ist irgendwie doof, ich weiß. Aber andererseits ist Sex dadurch erst so richtig spannend und abwechslungsreich. Es gibt einfach so viel zu entdecken und auszuprobieren für euch. Das ist doch gut. So wird der Weg zum Ziel, ihr könnt viel Spaß miteinander haben und auf der Suche nach dem gemeinsamen Orgasmus persönlich wachsen.

Ganz speziell zum Thema Orgasmus möchte ich dir die wichtigsten Basics vermitteln. Selbst wenn die vielleicht nicht neu für dich sind, kann ich dir dennoch nur raten, dich immer wieder damit auseinanderzusetzen und dich dabei zu reflektieren. Bei solchen Grundlagen ist es oft so, dass wir sie irgendwo im Hinterkopf abgespeichert haben: Jaja, schon klar, ich weiß Bescheid ... Es ist aber etwas anderes, sie im Hinterkopf zu haben und dieses Wissen tatsächlich anzuwenden.

Als Pastor bin ich es gewohnt, vor Menschen zu stehen und zu reden. Es macht mir Freude und ich bin auch gar nicht so schlecht darin. Vor zwei Jahren besuchte ich dann ein professionelles Public Speaking Training. Ich war erstaunt, wie viel ich noch dazulernen konnte. Die Trainerin hat mich herausgefordert, mich immer weiterzuentwickeln, die Basics konsequent anzuwenden und das Beste aus mir herauszuholen. Das hat mich wirklich geschliffen. Bis heute gibt sie mir immer wieder Feedbacks und zeigt mir, wie ich besser werden kann. Inzwischen sind mir diese Kompetenzen in Fleisch und Blut übergegangen. Ich denke gar nicht mehr darüber nach, sondern setze meine Körpersprache, Mimik und Gestik intuitiv ein.

Es gibt immer was zu lernen. Unterschätze die Basics nicht. Kleine Details, konsequent eingesetzt, können einen großen Unterschied ausmachen. Auch in deinem Sexleben. Deine Frau wird dir dankbar sein und du wirst sehr wahrscheinlich besseren Sex haben.

DIE ANATOMIE DES ORGASMUS

Die Vagina ist ein Muskel und heißt Musculus pubococcygeus. Das ist wörtlich übersetzt der Schambein-Steißbein-Muskel und Teil der Beckenbodenmuskulatur. Bei allen Muskeln gilt: Je trainierter sie sind, desto leistungsfähiger sind sie und desto besser meistern sie alltägliche und besondere Herausforderungen. Wenn du deine Beine fit hältst, fällt es dir leichter, ein paar Treppen zu steigen oder die Radtour zu meistern.

Das heißt: Es kann positive Auswirkungen für die Frau und ihren Orgasmus haben, wenn sie auf ihre Fitness achtet. Je fitter und trainierter die Beckenbodenmuskulatur der Frau ist, desto eher und intensiver kann dieser Muskel auf sexuelle Stimulierung reagieren, bis hin zum Höhepunkt. Beim vaginalen Orgasmus der Frau kontrahiert ihre ganze Beckenbodenmuskulatur.

Bei der Klitoris ist das anders. Die Klitoris ist kein Muskel. Und weil sich da nichts zusammenziehen und wieder entspannen kann, ist ein rein klitoraler Orgasmus längst nicht so intensiv wie ein vaginaler. Zwar kann man die Klitoris gezielt stimulieren. Beim vaginalen Geschlechtsverkehr stimulierst du allerdings Klitoris und Vagina gleichzeitig. Und genau dadurch kann diese Art von Orgasmus auch so großartig sein: Der gesamte Beckenboden ist in den Orgasmus mit einbezogen.

Beim Orgasmus der Frau ziehen sich die Muskeln des Beckenbodens und der Gebärmutter zusammen. Die Scheidenmuskeln verengen sich rhythmisch. Der weibliche Höhepunkt ist erreicht, wenn sich die Muskeln um Scheide, Gebärmutter und Beckenboden mehrmals rhythmisch zusammenziehen. Das untere Scheidendrittel verengt sich dabei zur sogenannten orgastischen Manschette. Die Frau verliert auch noch das letzte bisschen Kontrolle und tritt in einen tranceartigen Zustand ein.

Dieser Zusammenhang ist wichtig für dich. Denn wenn es mal nicht zum vaginalen Orgasmus reichen sollte, hast du immer noch die Möglichkeit, deiner Partnerin einen klitoralen Orgasmus zu bescheren.

Beim Mann kommt es beim Orgasmus ebenfalls zu Muskelkontraktionen. Das heißt, dass es auch für Männer sinnvoll ist, die Beckenbodenmuskulatur zu trainieren. Denn das kann dir dabei helfen, deinen Orgasmus hinauszuzögern. Der Lohn ist ein gemeinsamer Orgasmus, bei dem die Muskelkontraktion der Vagina deinen Orgasmus noch intensiver macht.

In diesem Moment wird ein irrsinniger neurochemischer Cocktail freigesetzt, der einen in einen tranceartigen Zustand versetzen kann. Welche Botenstoffe dabei am Start sind und welche Wirkung diese haben, darüber schreibe ich in Kapitel »Die Sexparty der Neurochemicals«.

CHALLENGE: ERREGENDE KURVEN

Sex hat etwas mit Rhythmus zu tun. Die Erregung deiner Frau kommt und steigert sich in Wellen, die sich gegenseitig hochschaukeln. Das Problem ist: Was sich hochschaukelt, kann sich auch runterschaukeln.

Du musst dir das Ganze wie bei einem Trampolin vorstellen. Wenn du alleine springst, bist du automatisch im richtigen Rhythmus: Du springst immer höher, reizt dadurch die Schwingwirkung des Trampolins immer weiter aus und wirst dadurch auch immer weiter nach oben geschleudert – bis du irgendwann die maximale Dehnung des Trampolins erreicht hast.

Wenn du aber mit jemand anderem springst, müsst ihr im gleichen Rhythmus springen. Sonst werdet ihr nie die ganze Federkraft des Trampolins ausreizen können – oder überhaupt keinen Spaß daran haben. Wenn du nämlich genau zu dem Zeitpunkt ankommst, wo dein Trampolinpartner noch oben gedrückt wird, nimmst du beiden den Schwung.

BEIM SEX GIBT ES VIER PHASEN:

1. die Erregungsphase
2. die Plateauphase
3. den Orgasmus
4. die Rückbildungsphase

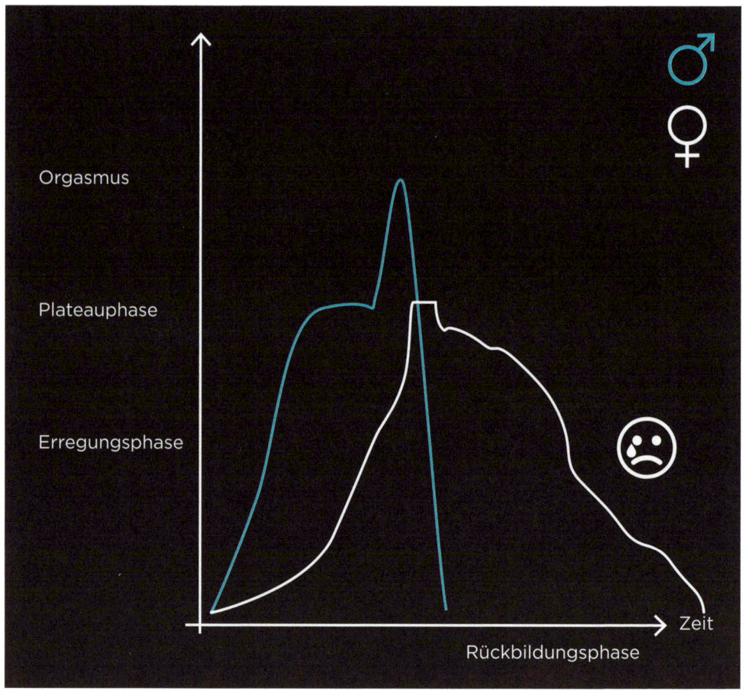

DU KOMMST ZU FRÜH

Bei Männern können alle Phasen relativ kurz aufeinanderfolgen. Bei deiner Frau dauert es in der Regel etwas länger. Während du bereits auf den Höhepunkt zusteuerst, braucht deine Frau noch Zeit.

Folglich musst du deine Plateauphase etwas herauszögern. Das Problem ist Folgendes: Wenn du erst mal den Point of no Return erreicht hast, ist es zu spät. Wenn du das Gipfelkreuz erst mal siehst, dann willst du auch hinauf und den Ausblick genießen. Das heißt, dass du lernen musst, zwischendrin – auf dem Plateau – auf deine Frau zu warten und nicht einfach voranzustürmen.

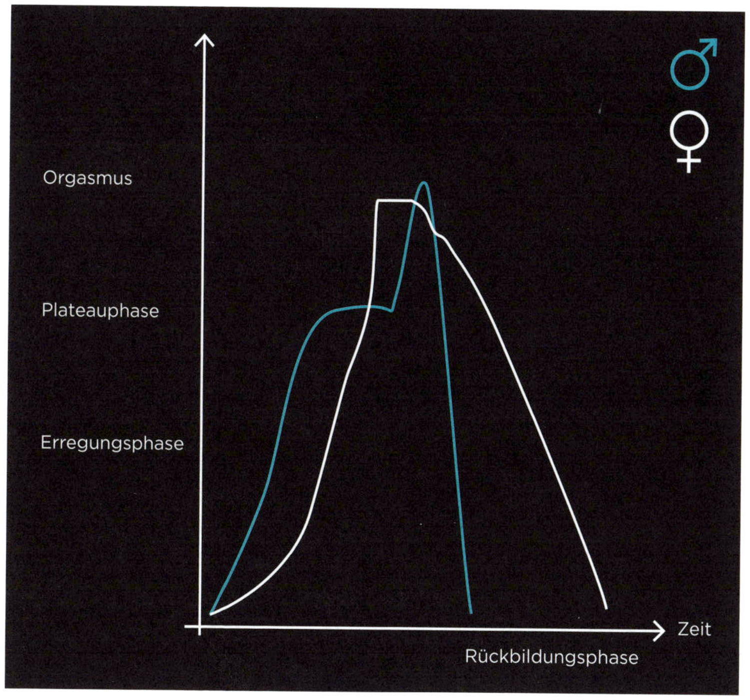

DEIN TIMING IST PERFEKT

Genau diese Zeit macht den Sex aber auch zu etwas Spannendem und Abwechslungsreichen. Das ist die Zeit der Stellungswechsel und kleineren Pausen. Es gibt schon hier immer wieder mal die Möglichkeit, die Aussicht zu genießen. Und genau das musst du lernen. Du kannst lernen, dich selbst zu kontrollieren und gleichzeitig deine Frau zu verwöhnen. Für Ersteres braucht es ein paar Techniken. Für Letzteres braucht es viel Intuition und Feinfühligkeit. Du musst herausfinden, was sie gerade schön findet, was sie in ihrer Erregung steigert, und musst spüren, was sie eher abflachen lässt. Jetzt rate mal, warum es so wichtig ist, eine emotional intime Beziehung zu pflegen!

Wenn du merkst, du kommst bald zum Point of no Return, deine Frau aber noch nicht, musst du langsam machen, vielleicht kurz still und bewegungslos verharren, bis deine Erregung wieder etwas abflaut. In der Zwischenzeit musst du ja nicht tatenlos sein, sondern kannst deine Frau andersartig verwöhnen, um ihre Erregung zu steigern.

Wichtig ist, dass du nicht von Anfang an Vollgas gibst oder die Intensität zu schnell steigerst. Mach dir keinen Stress, du hast alle Zeit der Welt. Die weibliche Erregung braucht deutlich länger als die männliche, um sich aufzubauen. Sexualwissenschaftler sagen: Wenn ein Mann seine Erektion länger als 20 Minuten halten kann, bevor er zum Orgasmus kommt, werde er diesen viel intensiver erleben.[20] Intimität braucht Zeit. Also genieß den Moment.

Wenn es dir darum geht, deine Frau zum Orgasmus zu bringen, ist es wichtig, dass sie die Zeit und die Sicherheit hat, die Kontrolle über ihren Körper los- und sich fallen zu lassen. Wenn sie sich gedankenlos, komplett in deiner Liebe verliert, wird ihre sexuelle Energie entfesselt und ihre Erregung baut sich auf. Also: Damit sie die Kontrolle verlieren kann, musst du die Kontrolle über deine Ejakulation behalten. Alles klar? Wenn du merkst, dass deine Partnerin an einem Punkt anfängt

- lauter zu stöhnen,
- heftiger zu atmen,
- dich fest anzupacken
- oder ihr Gesicht zu verziehen,

dann kannst du davon ausgehen, dass sie sich dem Höhepunkt nähert. Dann ist der Orgasmus nicht mehr weit.

Mach dann einfach genau mit dem weiter, was du im Moment tust. Steigere nur noch die Intensität, bis sie vollkommen abspacet. Dann gib Gas und du kommst zu ihr, während sie noch auf Wolke sieben schwebt. Der Himmel ist offen! Ihr seid eins.

Das ist die Kunst! Wenn du hier deine Reflexe und Körperreaktionen beherrschen lernst, habt ihr gute Chancen, häufig gemeinsam einen Orgasmus zu erleben.

ES MUSS NICHT IMMER 5 BIS 10 MINUTEN ODER LÄNGER DAUERN, BIS DIE FRAU MAXIMAL ERREGT IST.

Wenn der Hormonspiegel der Frau gerade im Optimum ist, die Lust auf Sex und die Intimität mit dem Partner stimmt, kann auch eine Frau bei einem Quickie schon in ein paar Minuten kommen.

In der anschließenden Rückbildungsphase strömt das Blut wieder aus den Geschlechtsorganen in den Körper und ein Zustand tiefer Entspannung setzt ein. Dabei entsteht Wärme und die meisten Frauen erleben diese Phase als lustvoll. Du kannst dir das so vorstellen, dass deine Frau den Berg nicht nur besteigen will, sondern ihn auch wieder runterläuft – und auf dem Weg genau wie beim Aufstieg immer wieder mal stehen bleibt, um die Aussicht zu genießen. Hier ist es wichtig, weiterhin zärtliche Nähe genießen zu können. Du weißt ja: Wie eine Sache endet, prägt sich am stärksten ein und definiert die Freude auf das nächste Mal.

DEIN TIMING

Ich möchte jetzt noch auf ein typisches männliches Phänomen eingehen, um das kaum ein Mann herumkommt:

DU KOMMST ZU FRÜH.

Das kann sehr frustrierend sein. Vor allem, wenn es häufiger passiert und du merkst, dass du deine Ejakulation nicht kontrollieren kannst. Es ist meiner Meinung nach superwichtig für euer Sexleben, dass du diesen Zustand nicht einfach hinnimmst und denkst: Ja, blöd, ist halt so, kann man nix machen.

Doch, kann Mann! Kannst du! Muskeln kann man trainieren, Reflexe im Gehirn kann man umgewöhnen. Lass mich dir ein paar Hilfestellungen geben.

Was heißt denn eigentlich zu früh? Ab wann ist zu früh? Auch wenn sich die Sexexperten nicht ganz einig sind: Ich habe eine einfache Antwort auf diese Frage! Du kommst dann zu früh, wenn deine Frau nicht genügend Zeit hatte, um sich deiner Liebe und ihrer Erregung so hinzugeben, dass sie zum Höhepunkt kommt.

Es gibt allerdings auch ein paar Ausnahmen, die es dir sehr schwer machen. Zum Beispiel:

- Es kann sein, dass deine Frau grundsätzlich nur wenig Erregung verspürt, weil unter Umständen die Pille ihre Libido hemmt. Oder es fällt ihr schwer, sich fallen und ganz auf dich einzulassen. Dann braucht sie relativ lang, um ihre Erregung bis zum Höhepunkt zu steigern und du kannst irgendwann einfach nicht mehr mithalten.
- Wenn ihr länger keinen Sex hattet und du unter Druck stehst, ist es normal, wenn du recht schnell kommst.

ZU FRÜH KOMMEN

Wenn du dich darüber weiter informieren möchtest, empfehle ich dir Kapitel 8 in dem Buch »Der perfekte Liebhaber« von Lou Paget zu lesen.

Anders ist es aber, wenn es dir dauernd passiert, egal, in welchem Abstand ihr Sex habt. Die Ursachen dafür können wahrlich vielfältig sein. Vielleicht spürst du Leistungsdruck oder Versagensängste. Diese Ängste können die Ausschüttung von Stresshormonen befördern.

Eine weitere Ursache, warum Männer zu früh kommen, finde ich hochinteressant: jahrelange Masturbation kann der Grund dafür sein.[21] Stell dir vor, du schreibst 10 Jahre lang mit links. Dein Gehirn, dein Muskeltonus, deine Feinmotorik und deine Nervenbahnen haben sich komplett darauf eingestellt, mit links zu schreiben. Passt.

Jetzt sollst du aber plötzlich nur noch mit deiner rechten Hand schreiben. Geht theoretisch schon, ist aber am Anfang alles andere als entspannt und sieht auch nicht gut aus. Du musst es erst lernen und trainieren, rechts zu schreiben.

Ähnlich verhält es sich mit der Art und Weise, wie ein Mann zum Höhepunkt kommt. Wenn er sich über viele Jahre hinweg mehr oder weniger intensiv selbst befriedigt hat, sind sein Hirn, seine Feinmotorik, seine Nervenbahnen, sein Muskeltonus darauf eingestellt, auf diese Art zum Orgasmus zu kommen.

Sex mit einer Frau ist aber etwas komplett anderes als Selbstbefriedigung. Durch Masturbation konditionierst du deinen Körper auf ein ganz bestimmtes Erregungsmuster, wie du zum Höhepunkt kommst. Es ist dabei nicht so wichtig, wie genau du deinen Körper konditioniert hast. Die Sache ist, dass Masturbation immer anders ist als Geschlechtsverkehr. Dein ganzer Muskeltonus ist anders, die Stimulierung ist anders, die Art und Weise, wie du dich erregt hast, ist anders. Möglicherweise hast du deinen Körper darauf programmiert, relativ schnell zum Höhepunkt zu kommen. Vielleicht war pornografisches Material beteiligt oder bestimmte Fantasien. Deine Körperhaltung war eine andere. Auf jeden Fall warst du allein und konntest jede Aktion direkt steuern. All das trägt dazu bei, dass dein Gehirn noch nicht mit der neuen Situation umgehen

Masturbation programmiert dein Gehirn auf ein bestimmtes Erregungsmuster. Gute Nachricht: Du kannst dein Hirn umtrainieren!

kann. Du musst dein Gehirn erst wieder auf die neue Art der Stimulation trainieren.

Die gute Nachricht: Es ist möglich, dein Hirn umzutrainieren. Wenn du also eine Vergangenheit mit viel Masturbation hast, ist deswegen dein Sexleben nicht für immer ruiniert. Jedesmal wenn du Sex mit deiner Frau hast, trainierst du deinem Gehirn neue Erregungsmuster an und überschreibst die alten.

Dabei solltest du darauf achten, deine Erregung auf der Plateauphase zu kontrollieren und zu spüren, wenn du kurz davor bist, und rechtzeitig weitere Stimulation zu stoppen. Mit der Zeit kannst du deine unterbewussten Erregungsmuster umkonditionieren und dein Gehirn auf den Sex mit deiner Frau einstellen.

Wenn du trotz meiner Tipps noch nicht gut damit klarkommst, deine Erregung zu kontrollieren, helfen dir vielleicht folgende Hinweise:

- **Reflektiere deine Gedanken und Gefühle.** Hast du Leistungsdruck oder Versagensängste? Woher kommt das? Wenn du kannst, dann sprich mit deiner Frau darüber. Wenn du Christ bist, hast du die wunderbare Möglichkeit, zu beten und Gott beides hinzulegen. Ich gehe auf dieses Thema unter anderem im Kapitel »Sexualität und Männlichkeit« ein. Der Orgasmus deiner Frau ist nicht das ultimative Leistungsziel beim Sex. Ihr könnt Sexualität auch einfach genießen. Es darf kein Druck für die Frau entstehen, zum Orgasmus kommen zu müssen. Das wirkt absolut kontraproduktiv und erweist sich als Lustkiller!
- **Mach dich locker, versuche deine Anspannung zu lösen.** Atme ruhig. Das ist keine Performance. Genieße einfach die Zeit. Und wenn du zu früh kommst, kannst du ja einfach anders weitermachen. Zum Beispiel, indem du deine Frau klitoral stimulierst. Oder ihr verwöhnt euch ohne Sex, bis du wieder startklar bist. Beim zweiten Mal wirds länger dauern.
- **Halte deine Beckenbodenmuskulatur fit.** Um genau zu sein, den Muskel, der beim Samenerguss aktiv wird. Das ist der Muskel, den du brauchst, wenn du auf einer längeren Autofahrt pinkeln musst, aber keinen Bock hast, jetzt schon rauszufahren. Dieser Muskel ist am Orgasmusreflex beteiligt. Wenn du den Point of no Return erreichst, kannst

du bei gut trainierter Muskulatur sofort mit der Stimulation aufhören und den Orgasmus im letzten Moment verhindern.

- **Nehmt euch mehr Zeit zum Vorspiel.** Bring deine Frau auf ein hohes Erregungsniveau, bevor ihr zum Finale übergeht.

Daneben gibt es aber auch gesundheitliche Gründe für einen verfrühten Samenerguss. Das kann zum Beispiel Serotoninmangel sein. Dieser Mangel kann wiederum eine Folge von viel Stress, ungesunder Ernährung oder zu wenig Bewegung sein. Auch Erkrankungen der Schilddrüse oder der Prostata können dein Liebesleben beeinträchtigen. Lass diese Dinge doch einfach mal vom Arzt durchchecken.

Das waren jetzt nur ein paar wichtige Gedanken und ich werde mich nicht in Details vertiefen. Es gibt noch mehr Gründe und auch ein paar anatomische Tricks und Lösungsansätze. Ich werde dir allerdings im Kapitel »Hör nicht auf zu lernen« ein paar Bücher dazu vorstellen.

DU SCHAFFST DAS

Viele Studien, Forschungen, Meinungen, Statistiken und unendlich viele individuelle Erfahrungen ranken sich um dieses faszinierende Mysterium des menschlichen Orgasmus. Und viele weitere werden folgen. Die wissenschaftliche Erkenntnis wird wachsen. Der Orgasmus kommt scheinbar so leicht und ist doch manchmal kompliziert. Er ist Ursache für viel Freude, Spaß und Erfüllung, aber auch für Schmerz und Frust.

Meine Ausführungen dazu sind sicherlich nicht umfassend oder absolut. Ich hoffe, ich konnte dir eine Perspektive aufzeigen, die dich anspornt und motiviert, aber nicht unter Druck setzt und frustriert.

Mach dir immer wieder bewusst, was in eurer Ehe und eurem Sexleben wirklich wichtig ist: Nämlich, dass ihr euch liebt und gemeinsam mit Gott eure Ehe und euer Sexleben gestaltet. Bei Gott gibt es immer Hoffnung auf Veränderung, Heilung, Wiederherstellung. Sextechniken, Stellungen, Erregungskurven zu studieren oder Beckenmodenmuskeln zu trainieren ist gut, aber bei Weitem nicht alles. Die Quelle für ein glückliches, erotisches und erfülltes Sexleben ist in deinem Herzen und dem deiner Partnerin. Versucht nicht einfach nur, eure Sextechniken zu verbessern. Investiert vor allem in eure emotionale Intimität, eure Herzensnähe. Gib alles für deine Frau. Aber vergiss dabei nicht, selbst den Sex zu genießen.

EINS PLUS EINS IST EINS!

5.6 MEHR ALS ORGASMUS

Was jetzt kommt, wird deinen Horizont noch mal um eine Dimension erweitern und kann dir noch mehr von der Schönheit und Kraft von Sex in deinem Leben aufzeigen.

Geistlich gesehen verschmilzt du mit der Person, mit der du Sex hast, zu einer Einheit.

»DARUM VERLÄSST EIN MANN SEINE ELTERN UND VERBINDET SICH SO ENG MIT SEINER FRAU, DASS DIE BEIDEN EINS SIND MIT LEIB UND SEELE.«

1. Mose Kapitel 2, Vers 24 (HfA)

Es entsteht eine starke Bindung zu dieser Person. Das ist im Rahmen einer Ehe auch gut und sehr wichtig – damit die Liebesbeziehung, die Gefühle, die Zuneigung, die Verbindung zwischen Ehemann und Ehefrau immer wieder gestärkt und vertieft wird. Sex hat die Kraft, aus dieser Verbindung immer wieder neu Gefühle, Romantik, Verliebtsein, gegenseitige Wertschätzung hervorzubringen. Das bewahrt die Ehepartner davor, abzuflachen, emotional distanziert zu werden, sich auseinanderzuleben. Deswegen ist ein gutes Sexleben für jede Ehe so wichtig!

Eine Bindung entsteht auch bei Sex außerhalb des göttlichen Designs einer Ehe. Paulus schreibt in seinem ersten Brief an die Korinther im 6. Kapitel, Vers 16 sogar: »Wer sich mit einer Prostituierten einlässt, wird mit ihr eins.« (NGÜ)

Diese Vereinigung hat Konsequenzen. Stell dir vor, du synchronisierst die Festplatte auf deinem Computer einfach mit einer anderen. Dann wird alles, was der andere draufhat, auf deine übertragen. Mit sämtlichen Viren, Schadsoftware und so weiter. Am Anfang merkst du es vielleicht nicht, aber mit der Zeit wunderst du dich, woher der ganze Shit auf deiner Festplatte kommt.

Das gleiche Prinzip gilt für dein Herz. Mit jeder Person, mit der du Sex hast, verbindest du dich. Im Augenblick des Orgasmus ist dein Verstand für einen kurzen Moment komplett ausgeschaltet. Und genau dann findet eine geistliche Verbindung statt. Ich weiß, das hört sich vielleicht komisch an, aber ich bin überzeugt, dass es wahr ist.

Was denkst du, warum satanische Kulte so viele sexuelle Rituale praktizieren? Ich glaube, weil sie sich dieser Dimension bewusst sind und sich durch Sex für andere geistliche Kräfte öffnen. Sex kann dadurch sehr verletzend und destruktiv sein. Und deswegen ist eine Vergewaltigung für eine Person auch so traumatisch. Jeder Aspekt deiner Persönlichkeit ist in den Geschlechtsakt involviert. Natürlich kann man so weit abstumpfen, dass man die seelischen und geistlichen Aspekte von Sex gar nicht mehr wahrnimmt. Das ist sehr traurig, weil man das Beste, Schönste und Kraftvollste am Sex verliert und nur noch eine kurzfristige körperliche Befriedigung erlebt. Dadurch verliert Sex an Bedeutung für eine Beziehung und auch die Liebe flacht ab. Um sich allerdings immer wieder einen sexuellen Kick zu holen, versucht man sein Glück auf Tinder & Co. oder in Bordellen, mit dem Ergebnis, dass Sex nur noch leerer und kraftloser wird.

Ein gesundes Sexleben im Rahmen einer Ehe, die auf Gottes Werte gegründet ist, kann auf der anderen Seite eine enorme Kraft entfalten. Dabei geht es gar nicht nur um den mega Orgasmus, sondern mehr um die Einheit, die Liebe, die Verbindung, die man zum Partner spürt und jedes Mal vertieft. Für einen Moment ist der Himmel über euch offen und Gottes Gegenwart bei euch im Schlafzimmer. Ihr könnt ihn dabei wahrnehmen und spüren, wie er sich über euch freut und euch feiert, weil ihr das genießt und erlebt, was er sich mit Sex gedacht hat. Sex auf diese Art und in diesem Rahmen freut Gottes Herz, ehrt ihn und ist wie Anbetung.

Franzi und ich beten häufig spontan nach dem Sex, liegen nebeneinander, glücklich, erfüllt und dankbar, dass Gott uns so etwas Wunderbares geschenkt hat. Seine Liebe durchflutet unsere Herzen, füllt uns neu und fließt über, zurück zu ihm und ins Herz des anderen.

Sex in einer gesunden Ehe ist jedes Mal ein Statement in die übernatürliche Welt. Ähnlich, wie das Abendmahl oder die Taufe eine geistliche Bedeutung haben und ein wichtiges und starkes Statement für unseren Glauben sind, ist es der Sex für die Ehe. Durch die Taufe machst du ein Statement, das du dein Leben Jesus ganz anvertraust, nicht mehr für dich selber lebst, sondern ihm nachfolgen möchtest. Durch das Abendmahl proklamieren Christen ihren Glauben, dass Jesus an unserer Stelle gestorben ist, sein Leib für uns zerbrochen und sein Blut für uns vergossen wurde. Das ist der Kern des Evangeliums.

Sex in der Ehe ist eine kraftvolle Proklamation euer Liebe und Hingabe aneinander. Du hast dich entschieden, nicht mehr für dich selbst zu leben, sondern deiner Partnerin höher zu achten als dich selbst. Ihr setzt immer wieder ein Zeichen dafür, das ihr eine Einheit seid, dass ihr zusammengehört, dass ihr euch liebt und euch vertraut.

Im Alltag gibt es Versuchungen, Konflikte und menschliche Stressfaktoren, welche die Beziehung belasten. Das sind Kräfte, die euch auseinanderdrücken können. Sex ist wichtig, damit ihr euch immer wieder eures Versprechens bewusst werdet, das ihr euch an der Hochzeit gegeben habt: Ihr habt euch versprochen, euch einander hinzugeben, euch zu lieben in guten und in schlechten Zeiten!

DIE KRAFT DES SEX BRINGT EUCH IMMER WIEDER NÄHER ZUSAMMEN, HEILT EUCH VON VERLETZUNGEN UND KANN EURE HERZEN AUCH NACH EINEM STREIT NEU IN LIEBE UND FREUDE ANEINANDER VERBINDEN.

Da beim Sex jeder Aspekt deiner Persönlichkeit eine Rolle spielt, birgt er auch das Potenzial, Erfahrungen, Prägungen und Erlebnisse aus deiner Vergangenheit an die Oberfläche zu bringen. Das fühlt sich nicht gut an, ist aber eine Chance für Heilung und Veränderung. Wenn so etwas geschieht, kannst du das nämlich als Anlass nehmen, um zu reflektieren, warum du gewisse Gefühle empfindest oder warum in bestimmten Situationen ein ungutes Verhalten in dir getriggert wird.

Nehmen wir an, ein Mann hat wenig Bestätigung von seinem Vater erlebt und deswegen mit Unsicherheit und Minderwertigkeitsgefühlen zu kämpfen. Er hat Angst zu versagen und Ablehnung zu erfahren. Diese Ängste und Gefühle können bestimmte Verhaltensweisen triggern und ihn blockieren, eine gesunde Sexualität zu entwickeln.

Oder eine Frau hat gelernt, immer kontrolliert zu sein, und ist mit dem Druck aufgewachsen, es immer allen recht machen zu müssen und sich keine Fehler erlauben zu dürfen. Auch das wird sich auf ihre Sexualität auswirken. Eine dominante, kontrollierende Mutter, ein passiver, abwesender oder aggressiver, jähzorniger Vater haben selbstverständlich unbewusst Auswirkungen auf euer Sexleben.

Durch dein Sexleben werden diese Prägungen und Erfahrungen an die Oberfläche kommen. Mit Gott hast du die Möglichkeit, Heilung und Veränderung zu erfahren. Das wird euer Sexleben zum Aufblühen bringen. Wenn die Frau lernt, nicht kontrollieren zu müssen und loszulassen zu dürfen, wird sie Sex definitiv anders erleben. Wenn der Mann lernt, nicht passiv oder aggressiv zu sein, sondern aktiv, liebevoll und zärtlich, wenn er sich nicht durch seine sexuelle Leistung bestätigen und beweisen muss, wird das Auswirkungen haben und euer Sexleben verbessern.

Die Grundlage dafür, diese übernatürliche Dimension stärker wahrzunehmen, ist ein gemeinsames Glaubensleben. Dazu gehören gemeinsame Zeit mit Gott, beispielsweise im Gebet, mit der Bibel oder gemeinsame Anbetung.

Die Grundlage von gutem Sex: ein gutes Glaubensleben!

Ein intensives und leidenschaftliches Sexleben ist in einem gesunden, mit Liebe erfüllten Herzen verwurzelt. Euer gemeinsamer Glaube an Gott gibt euch die Grundlage und den Zugang zu einer Quelle der Liebe. Zu einem lebendigen Glauben gehört auch, Teil einer verbindlichen Gemeinschaft mit anderen Christen zu sein, in der man füreinander da ist, offen und vertrauensvoll miteinander umgeht, füreinander betet und die Erfolge und Niederlagen des Lebens mit anderen teilt. Wenn wir uns nicht nur um uns selbst drehen, sondern darauf bedacht sind, anderen Menschen zu dienen, sie zu lieben, ihnen zu helfen, wird das unsere Persönlichkeit wachsen lassen und unsere Liebe zueinander stärken. Wenn sich ein Paar nur um sich selbst dreht, wird jede Beziehung irgendwann langweilig und stagniert. Eure Beziehung zu Gott und zu anderen Menschen wird euch selber enorm weiterbringen und am Ende eure Liebe zueinander und damit auch euer Sexleben lebendig halten und stärken.

BILLIG?
DAS KANNST DU DIR SPAREN!

6.0 SEX EXKLUSIV

Ich trage einen Ring am Finger, der mir sehr viel bedeutet. Es ist mein Ehering. Diesen Ring verlor ich in unseren Flitterwochen in Thailand im Meer, als wir einen Ausflug auf eine kleine Insel machten und dort die legendäre Maya Bay besuchten, ein wunderschöner Strand, den du vielleicht aus dem Film »The Beach« kennst. Ich versuchte dort, durch ein Loch in der Felswand zu tauchen. Ich klammerte mich an der Felswand fest, doch die Wellen spülten mich weg und der Ring glitt mir vom Finger.

Danach geschahen einige recht seltsame Dinge. Franzi und ich wurden getrennt. Ich dachte, meine Frau sei entführt worden, sie dachte, ich sei von der Felswand abgestürzt, in eine Strömung geraten und ertrunken. Während sie die kleine Insel verzweifelt nach mir absuchte, fuhr ich mit einem Boot zurück zu unserem Hotel auf der Nachbarinsel, um sie dort zu suchen. Als ich sie nicht fand, entschloss ich mich, wieder zur Maya Bay zu fahren. Ich schwamm erneut durch die Felswand und rannte zum Strand.

IN DER ZWISCHENZEIT BEGEGNETE FRANZI EINEM ENGEL.

Er beruhigte sie und sagte ihr, dass er wisse, wo ich sei, und dass ich auf dem Weg zu ihr wäre. Er sah aus wie ein Thailänder, doch als er uns zusammengeführt hatte und wir uns wieder in den Armen lagen, war er verschwunden. Wir waren fassungslos und uns ist im Nachhinein bewusst geworden, dass es ein Engel gewesen sein musste.

Auf dem Rückweg fand ich meinen Ehering wie durch ein Wunder im Wasser auf einem kleinen Felsvorsprung liegen.

Dieser Ring ist für mich sehr wichtig und wertvoll. Dementsprechend sorgsam gehe ich mit ihm um. Ich trage ihn immer bei mir. Er ist einzigartig.

Wenn mir etwas viel wert ist, dann bin ich auch bereit, etwas dafür zu investieren. Wenn ich mir ein neues Wakeboard kaufe, nehme ich nicht einfach das nächstbeste mit dem niedrigsten Preis. Ich will Qualität und die darf auch etwas kosten. Das liegt daran, dass mir dieser Sport und meine Ausrüstung wichtig sind. Wie ist das bei dir?

Wir Männer sind eigentlich sehr qualitätsbewusst. Qualität hat eben ihren Preis. Je nachdem, was dir wichtig ist, wirst du bereit sein, für gutes Werkzeug, tollen Sound, hochwertige Kleidung oder eine edle Uhr viel Geld auszugeben. Da du jeden Euro aber nur einmal ausgeben kannst, musst du Prioritäten setzen und zu anderen Dingen Nein sagen.

BEI SEX IST DAS NICHTS ANDERS.

Sex wird in allen möglichen Varianten präsentiert. Im Fernsehen, im Internet, auf der Straße, in Magazinen. Und fast alle Varianten sind ziemlich billig. Viele Männer haben keine Ahnung vom Wert, den Sex eigentlich hat, und der Kraft, die Sex geben kann. Viele Frauen geben ihren Körper für ein bisschen Spaß und kurzfristiges männliches Begehren her. Das ist viel zu billig. Ein befreundeter Lehrer erzählte mir, was in den Freistunden an den Schulen mitunter abgeht. Da treffen sich ein paar Schüler, um gemeinsam Playstation zu zocken – und nebendran lässt sich einer von ihnen von einem Mädchen einen blasen. Das ist Sex auf niedrigstem Niveau.

Es gibt aber auch anderen Sex. Das ist der hochwertige Sex, über den ich in diesem Buch schreibe. Sex, der uns bis lange nach dem Akt befriedigt, der uns Kraft für den Alltag schenkt, der unserer Beziehung eine ganz neue Intensität verleiht. Und dieser Sex kostet etwas: Commitment, weil du dich für eine exklusive Beziehung entscheiden musst. Bist du dir das wert? Ist dir das deine Partnerin wert? Deine Ehefrau?

Ich finde, du bist es absolut wert! Du bist einzigartig, deine Partnerin ist einzigartig und eure gemeinsame Sexualität ist einzigartig. Ihr verdient absolut grandiosen Sex. Und deswegen solltet ihr bereit sein, den höchsten Preis zu bezahlen: Absolutes Commitment und absolute Exklusivität. Das bedeutet, dass eure Sexualität einen geschützten Rahmen braucht: die Ehe.

Niemand würde einen teuren Picasso an eine Plakatwand an die Straße tackern. Nein, ein Picasso kommt ins Museum hinter Glas mit Alarmanlage und wird von Wachpersonal beschützt. Besonders wertvolle Gemälde hängen manchmal gar nicht im Original im Museum. Zu sehen ist nur eine Kopie, während das Original im Keller im Tresor liegt. Ein Tresor ist dazu da, besonders wertvolle Dinge zu schützen.

Wie ist das mit deiner Sexualität? Tackerst du sie in der Stadt an eine Plakatwand, damit jeder damit machen kann, was er will? Oder sperrst du sie in den Tresor? Die Ehe ist der Tresor, der Sex schützen kann. Welchen Wert Sex für dich hat, erkennst du daran, wie du damit umgehst.

In einer liebevollen Ehe, in der sich beide Partner einander hingegeben, wird Sex zu einem Ausdruck der tiefen inneren Verbundenheit. Innerhalb dieses Rahmens wird Sex zu einem Katalysator der Einheit und kann so sein volles Kraftpotenzial entfalten. Ist es nicht das, wonach wir uns tief im Herzen sehnen?

Wie gesagt, es ist deine Entscheidung, ob du dich mit der billigen Variante von Sex zufriedengibst oder ob du alles gibst, um euer Sexleben exklusiv werden zu lassen.

DAS ECKIGE MUSS INS RUNDE!

6.1 GOTTES IDEE VON EHE

Als Otto von Bismarck den heiligen Bund der Ehe mit Johanna von Puttkamer eingehen wollte, musste er seinen designierten Schwiegervater erst von sich überzeugen. Der reagierte schockiert, als er Bismarcks Brautwerbebrief las: »Es ist mir wie einem Ochsen, den der Fleischer mit dem Beil vor den Kopf schlägt«, soll er ausgerufen haben. Weil Otto, der spätere Nationalheld und Reichskanzler, der Namensgeber der Bismarckheringe, von denen er angeblich 200 Stück pro Jahr vertilgte, einen furchtbaren Ruf hatte. Als Student duellierte er sich 25-mal, trug extravagante gelbe Anzüge und ließ sich regelmäßig volllaufen, anstatt seine Juravorlesungen zu besuchen.

Erst bei einem Besuch im Elternhaus seiner Angebeteten hat er es irgendwie geschafft, seinen späteren Schwiegervater von sich zu überzeugen. Im Grunde handelte es sich dabei um eine Bündnisverhandlung. Seine erste große. Und eine, die sein Leben maßgeblich bestimmte. Es folgten viele weitere. Mit Österreich-Ungarn, Russland, Italien ..., halb Europa. Bismarck verhandelte so viele Bündnisse, dass er als legendärer Diplomat in die Geschichte einging, bekannt mehr für seine Bündnispolitik als für seine maßgebliche Rolle bei der Gründung des Deutschen Reichs.

Mit seinem Ehebund scheint Bismarck keinen bestimmten Zweck verfolgt zu haben. Doch alle anderen Bünde hatten sehr wohl eindeutig gesteckte Ziele: Deutschland vereinen, seine Macht stärken, Frankreich schwächen.

Für Bismarck waren Bündnisse politische Werkzeuge.

Und wir? Auch für uns sind Bündnisse und Verträge in erster Linie zu etwas nütze. Es sind Werkzeuge. Und was machst du mit einem Hammer, der nicht mehr das leistet, was er soll? Vielleicht kann man ihn reparieren, vielleicht aber auch nicht. Dann kommt er eben in die Tonne. Oder, sagen wir, wir haben keine Verwendung mehr für ihn. Dann kommt er auf irgendein freies Regalbrett im Keller. Mit dem heiligen Bund der Ehe ist das oft nicht viel anders.

WIE SIEHST DU DAS?
WOZU IST DIE EHE DEINER MEINUNG NACH DA?

- Drückst du damit aus, den anderen zu lieben?
- Hältst du sie für eine gute Gelegenheit, Steuern zu sparen?
- Würdest du gerne ein Kind adoptieren, was mit Hochzeitsurkunde deutlich einfacher wird?
- Kennst du einen Nichteuropäer, dem du gerne zu einer dauerhaften Aufenthaltsgenehmigung verhelfen willst?
- Möchtest du gerne endlich, endlich deinen Nachnamen loswerden?
- Glaubst du daran, dass Sex in die Ehe gehört – und möchtest es endlich krachen lassen?

Dann ist die Ehe sicherlich ein geeignetes Werkzeug für dich. Aber was, wenn dir Steuern wurscht sind, Adoption kein Thema ist, ihr beide aus Deutschland kommt, dein Nachname und der deiner Partnerin eigentlich ganz o.k. sind und ihr das mit dem Sex ohnehin nicht ganz so eng seht? Dann gehen die Gründe langsam aus. Und warum solltest du dann heiraten?

MYTHOS #8: DIE EHE IST DAS BESTE WERKZEUG, UM EINE GUTE BEZIEHUNG ZU ZERSTÖREN.

Bisher war alles gut. Wir haben eine gute Beziehung gelebt, hatten alles, was wir wollten. Und kaum waren wir verheiratet, war alles anders.

Wenn die Ehe eine Beziehung zerstört, liegt das möglicherweise an den hohen Erwartungen der beiden Ehepartner aneinander. Vielleicht prallen unterschiedliche Vorstellungen von Ehe aufeinander. Es kann auch sein, dass einer oder beide nichts mehr in die Beziehung investieren, jetzt, wo sie safe ist.

Das alles ist eine Frage von Kommunikation und der Vorbereitung. Solltest du die Ehe anstreben, würde ich euch einen Ehevorbereitungskurs wärmstens empfehlen. Wenn deine Ehe kriselt, braucht ihr schleunigst Hilfe. Und wenn in deiner Ehe alles paletti ist, ist jetzt der beste Zeitpunkt, euch Ehecoaches zu suchen: Vielleicht ein älteres Ehepaar, mit dem ihr euch alle paar Monate treffen könnt und einfach ein paar Dinge ansprechen könnt, die euch in eurer Ehe gerade beschäftigen.

Wenn dir all diese Gründe nicht ausreichen, um zu heiraten, dann herzlichen Glückwunsch! Das sind zwar an sich Dinge, über die man mal nachdenken kann. Aber sicherlich keine guten Gründe, um zu heiraten. Im Gegenteil. Ihr macht euch zum Sklaven eines kraftlosen Versprechens. Und spätestens, wenn die Romantik verflogen ist, wenn der Alltag kommt, wird euer Ehering zum »Ring, sie zu knechten, sie alle zu finden, ins Dunkel zu treiben und ewig zu binden.« [22]

Ich kenne einige christliche Pärchen, die sich gedacht haben: Lass uns einfach schnell standesamtlich heiraten, damit wir zusammenwohnen und Sex haben können. So sparen wir uns die doppelte Miete und in einem Jahr, wenn wir Zeit und Geld haben, folgt dann die kirchliche Trauung. Meiner Meinung nach ist das unaufrichtig. Es ist zwar überhaupt nichts dagegen einzuwenden, im kleinen Rahmen standesamtlich und vor Gott zu heiraten und im Nachhinein ein großes Fest anlässlich der Ehe zu feiern. Aber bitte tut bei dem Fest nicht so, als würdet ihr jetzt erst heiraten, als würdet ihr euch in diesem Moment ewige Treue schwören, als würdet ihr erst in diesem Moment zu Mann und Frau erklärt werden. Dann ist die ganze Zeremonie doch nur ein Fake.

LIEBE MAL ANDERS

Ein Trauschein macht noch keine gute Ehe und vor allem kein erfülltes Sexleben. Eine Ehe ist kein Werkzeug. Sie ist nicht etwas, was du dir zunutze machen kannst. Sie ist nicht dazu da, dir zu dienen. Der Sichtweise, die ich auf den vergangenen Seiten geschildert habe und die so weit verbreitet ist, liegt eine gewisse Perspektive zugrunde:

IST DAS DEINE PERSPEKTIVE?

- Liebe ist ein romantisches Gefühl.
- Romantische Gefühle sind die einzige Grundlage für eine Ehe oder Beziehung.
- Wir brauchen romantische Liebe, um ein glückliches Leben zu führen

Diese Perspektive schränkt aber sowohl die Liebe als auch die Ehe und auch das, was wir unter einem glücklichen Leben verstehen können, zu sehr ein. Ich möchte dir kein simples Rezept für ein glückliches Leben vermitteln. Das wäre natürlich einfacher und würde manchen helfen, anderen aber eben nicht. Deswegen möchte ich dir lieber helfen, eine solide Grundlage für eine glückliche Ehe zu legen.

Liebe ist mehr als nur Romantik. Im Altgriechischen, also der Sprache, in der das Neue Testament geschrieben wurde, gibt es vier Wörter für Liebe:
- **Eros,** die erotische, romantische Liebe.
- **Sorge** ist die elterliche und kindliche Liebe.
- **Philia,** die freundschaftliche Liebe.
- **Agape,** die göttliche, achtungsvolle Liebe.

Liebe wird oft verstanden als Bedürfnis, als etwas, das wir unbedingt brauchen und von anderen bekommen müssen. Das ist auch richtig. Aber die Agape-Liebe ist eine ganz andere Art von Liebe; Agape ist das Gegenteil von ichbezogener, bedürfnisorientierter Liebe. Agape gibt.

Agape liebt nicht, weil jemand es wert ist. Agape macht die Person, die man liebt, wertvoll.

Agape liebt nicht, weil jemand schön ist. Agape liebt auf eine Weise, die den anderen schön werden lässt.

Liebe ist scheinbar ein bisschen komplexer, als es heute oftmals den Anschein hat. Es gibt mehr als ein Verständnis von Liebe. Ist dir schon mal aufgefallen, wie in der Bibel über Liebe gesprochen wird?[23] Es geht weniger darum, etwas zu bekommen, und mehr darum, etwas zu geben. Es geht nicht darum, ob dir etwas zunutze ist. Es geht um den anderen. Eine Heirat aus echter Liebe kann also kein Werkzeug für dich sein, kein Mittel zum Zweck, mit dem Ziel, dass dein Partner dich glücklich macht.

Vielleicht denkst du: Schön und gut. Das heißt aber noch lange nicht, dass man einen Ehebund braucht. Liebe kann doch auch außerhalb der Ehe vierdimensional sein, oder? Selbstlose Liebe kann es auch ohne Ehebund geben. Dass Liebe selbstlos ist, ändert noch nichts daran, dass man Ehe wunderbar als veraltete, kraftlose Tradition sehen kann. Oder?

Stimmt. Das kann man so sehen. Aber wenn du tatsächlich der Meinung bist, die Ehe sei altmodisch und kraftlos oder wenn du das aufgrund deiner Beobachtung von Ehen in deinem Umfeld oder gar deiner eigenen Ehe anzweifelst, dann lass mich deine Perspektive verändern. Ich möchte dir zeigen, welch enormes Kraftpotenzial eine gesunde Ehe entfalten kann. Um zu verstehen, wie genau sich diese emotionale, erotische und geistliche Kraft entfalten kann, müssen wir den Erfinder des Ehebunds fragen.

DIE KRAFT EINES BUNDES

»MENSCHEN, DIE DEN HERRN ERNST NEHMEN, ZIEHT ER INS VERTRAUEN. ER LÄSST SIE VERSTEHEN UND ERFAHREN, WAS SEIN BUND MIT SEINEM VOLK BEDEUTET.«

Psalm 25, Vers 14 (HfA)

Ich muss etwas ausholen. Weil das hier wichtig ist, möchte ich sichergehen, dass wir ein sauberes Fundament legen. Wir müssen nicht nur klären, was Gottes Bild von Ehe ist. Sondern auch, was sich Gott unter einem Bund vorstellt. Ich kann dir gleich sagen: Für Gott ist ein Bund mehr als ein Stück Papier oder ein hilfreiches Tool.

Der Autor des Hebräerbriefs erklärt seinen Lesern den neuen Bund, den Gott mit allen Menschen geschlossen hat und der heute noch gilt. Daraus lernen wir einige Dinge über Bündnisse, die auch für den Ehebund gelten.

»DENN EIN TESTAMENT IST GÜLTIG, WENN DER TOD EINGETRETEN IST, WEIL ES NIEMALS KRAFT HAT, SOLANGE DER LEBT, DER DAS TESTAMENT GEMACHT HAT.«

Hebräerbrief Kapitel 9, Vers 17 (ELB)[24]

Um diesen Abschnitt zu verstehen, muss man wissen, dass es im Griechischen keinen Unterschied zwischen einem Bund und einem Testament gibt. In unserem Sprachgebrauch hat ein Bund eher etwas mit einem Vertrag zu tun. Das ist im Griechischen nicht so. Bund und Testament sind das Gleiche. Wir wissen, dass ein Testament erst mit dem Tod seines Verfassers in Kraft tritt. Man kann zwar vorher schon Dinge vererben, aber das Testament ist der letzte Wille. Dieser letzte Wille wird in unserer Kultur sehr hoch geschätzt. Wir ehren damit den Verstorbenen. Wir schätzen diesen Willen so hoch, dass er gesetzlich verankert ist und vor Gericht durchgesetzt werden kann. Und dieses Funktionsprinzip gilt auch für einen Bund! Das steht im Hebräerbrief. Ein Bund tritt erst mit dem Tod in Kraft.

Das heißt, dass ein Bund im biblischen Verständnis ohne Tod, ohne Blutvergießen gar nicht möglich ist. Allerdings kann es sich dabei auch um einen symbolischen Tod oder das Blut eines Tieres, quasi als eine Art Stellvertretern, handeln.

Der Autor selbst nennt ein Beispiel: Den Bund, den Gott mit Mose geschlossen hat, nachdem er ihm die Bedingungen des Bundes, die Zehn Gebote, genannt hatte. Dieser Bund wird mit dem Blut junger Stiere besiegelt. Du kannst die Geschichte in 2. Mose 24 nachlesen. Auch als Gott seinen Bund mit Noah schließt, wird dieser mit Blut besiegelt (1. Mose 8,20–9,17), und beim Bund mit Abraham geschieht das Gleiche (1. Mose 15,9-18).

DIE SCHÖNHEIT DER EHE

Das gleiche Prinzip gilt auch für den Ehebund. Den Bund der Ehe einzugehen erfordert nach biblischem Verständnis die Bereitschaft zu sterben. Hier verbirgt sich ein wichtiges Geheimnis für eine erfüllte und glückliche Ehe.

WAS HEIẞT STERBEN IN DIESEM ZUSAMMENHANG?

Es bedeutet, nicht mehr für sich selbst zu leben. Es bedeutet, die Wünsche und Bedürfnisse des Partners über die eigenen zu stellen. Es bedeutet, nicht für sein Recht zu kämpfen und seine Interessen gegenüber dem Partner durchzusetzen, sondern den Partner höher zu achten als sich selbst. Sich für das Glück das anderen einzusetzen und hinzugeben, den Partner wichtiger zu nehmen als sich selbst.

In der Theorie hört sich das gut an – zumindest, wenn beide Ehepartner diese selbstlose Liebe leben. Die Umsetzung im Alltag ist aber eine ganz andere Sache. Denn es geht ja nicht darum, seine Persönlichkeit zu verlieren und die eigenen Wünsche und Bedürfnisse nicht mehr wahrzunehmen beziehungsweise zu verneinen. Da gibt es dann aber so viele kleine Entscheidungen, Meinungsverschiedenheiten und Stresssituationen. Sie alle führen entweder dazu, dass eine Ehe kraftlos wird, Paare sich auseinanderleben, weil sich jeder um sich selbst dreht und ums Überleben kämpft. Oder aber es führt dazu, dass eine Ehe an diesen Herausforderungen wächst, in gegenseitiger Achtung und Liebe aufblüht und immer stärker wird.

Allerdings ist es auch wichtig, für seine Überzeugungen und Meinung einzustehen, das ist ja ganz klar. Und wenn beide das tun, muss es zu Konflikten kommen, die man dann eben aushalten muss. Entscheidend dabei ist aber die Herzenshaltung. Geht es primär um den eigenen Nutzen, die eigenen Interessen? Oder geht es um das Beste für den Partner beziehungsweise die gemeinsame Ehe?

Mehr zum **THEMA KONFLIKTE** findest du im Kapitel »Großartiger Sex braucht Intimität«. Dort schreibe ich über Wahrheit, Liebe und Gnade. Diese drei Stichworte können dir auch beim Thema Konflikte weiterhelfen. Etwas ausführlicher beschäftigt sich auch Tim Keller mit diesem Thema, und zwar in seinem Buch »Ehe – Gottes Idee für das größte Versprechen des Lebens«.

Das mit dem Tod hört sich ganz schön blutrünstig an, ich weiß. Aber das ist ja nur der Ausgangspunkt. Es geht nicht nur darum, dass etwas aufhört. Bei der Ehe geht es in erster Linie darum, dass etwas Neues anfängt.

Hast du früher gerne Lego gespielt? Um diesen super Turm zu bauen, der alles in den Schatten stellte, musstest du zwangsläufig alles Vorherige zerstören. Sonst hattest du nicht genug Steine. Alles, was du irgendwo anders verbaut hattest, hat dich daran gehindert, etwas wirklich Großartiges zu schaffen und den größten Turm zu bauen, der für dich möglich war.

Um einen Bund einzugehen, musst du etwas Altes aufgeben, um etwas Neues zu schaffen.

Das ist ein Grundgedanke jedes Bundes. Du musst etwas Altes aufgeben, um etwas Neues zu schaffen. Der Bund ist dann gleichberechtigt, wenn beide etwas aufgeben, um etwas Gemeinsames zu schaffen. Und in dem Maße, in dem sich die Bündnispartner füreinander einsetzen und einander hingeben, ist Platz für etwas Neues. Hierbei kommt ein simples, aber wichtiges Prinzip zum Tragen:

AUS HINGABE ENTSTEHT EINHEIT – AUS EINHEIT ENTSTEHT KRAFT.

Meine Erfahrung und Überzeugung ist, dass Hingabe aneinander die Rahmenbedingung für gesunde und starke Ehen ist, allerdings nur, wenn beide das so leben. Hingabe an den Partner bedeutet, das alte Singleleben hinter sich zu lassen. Das bedeutet nicht, dass ihr keine eigene Persönlichkeit mehr habt, keine Wünsche und Träume. Es bedeutet aber, dass ihr bereit seid, alle diese Dinge hintenanzustellen und nicht für eure eigenen Bedürfnisse und Wünsche auf Kosten des anderen zu kämpfen. Ihr entdeckt stattdessen ein neues gemeinsames Leben, das von einer Bereitschaft durchdrungen ist, sich für die Bedürfnisse und Wünsche des anderen einzusetzen. Wenn ihr beide mit dieser Haltung gemeinsam Entscheidungen trefft, werdet ihr auch eure Ziele erreichen. Was nur einer von euch für sich selbst erreichen will, wird er dagegen nur dann erreichen, wenn er sich von seinem Partner trennt oder ihn zurücklässt. Was ihr aber gemeinsam erreichen wollt, das werdet ihr erreichen – und zwar mit vereinter Kraft.

Das ist die Perspektive von Ehe, die ich dir zeigen will. Ehe bedeutet nicht, dass zwei Singles versuchen, ihr Egoleben irgendwie miteinander zu verbinden, sondern eben dieses Egoleben sterben zu lassen. Es geht nicht darum, den Partner zu finden, der perfekt zu dem passt, was du selbst erreichen willst. Es geht auch nicht darum, den Partner zu finden, der dich glücklich macht. All diese Dinge können passieren und wenn das der Fall ist, ist das wunderbar. Aber das ist nicht das eigentliche Ziel. Eine Ehe einzugehen bedeutet, etwas Größeres zu schaffen. Dazu musst du einen Menschen finden, für den du bereit bist, dich aus Liebe vollkommen hinzugeben.

DAS BESTE, WAS DIR PASSIEREN KANN

Ich bin im Sommer 2019 seit 18 Jahren verheiratet. Zu heiraten war eine der wichtigsten und besten Entscheidungen meines Lebens. Es gab keinen Tag, an dem ich diese Entscheidung bereut habe! Natürlich gab es durchaus schwierige Zeiten, Konflikte und Krisen. Aber mit Gottes Hilfe sind meine Frau und ich stärker, verliebter und leidenschaftlicher aus den schweren Zeiten hervorgegangen. Und ich glaube, dass auch du und deine Ehefrau durch eure Ehe stärker und besser werdet.

Warum? Weil das der Grundgedanke eines Bundes ist. Du gibst vielleicht Dinge auf, die dir wichtig sind und die du nur ungern und schweren Herzens loslässt. In vielen Situationen wirst du gar keine andere Wahl haben. Zumindest dann nicht, wenn du diese Ehe fortsetzen willst. Entweder du weichst zurück, entweder du veränderst dich oder diese Ehe wird scheitern. Andere Dinge wirst du bereitwillig aufgeben, zum Beispiel, weil du merkst, welche Freude du deinem Partner dadurch machst.

Auf diese Weise schleift dich eine Ehe. Zwar haben alle menschlichen Beziehungen das Potenzial, dich zu schleifen – und natürlich auch zu verletzen. Aber in einer gesunden Ehe verlierst du nicht nur, sondern gewinnst gemeinsam mit deiner Partnerin. Die Ehe macht aus dem rohen Diamanten, der du bist, einen wunderschönen und wertvollen Stein. Sie bringt das Beste in dir hervor. Das mag sich nicht immer so anfühlen, aber wenn die schweren Zeiten durchgestanden sind, wirst du das erkennen. Eine gesunde Ehe gibt dir Sicherheit und Selbstvertrauen. Du erfährst bedingungslose Annahme und Liebe. Das ermöglicht es dir, dich mit allen Schwächen und Ängsten zu zeigen. Das macht dich nahbar und damit auch verletzlich. Und das wiederum birgt weiteren Nährstoff für Veränderung.

In einer gesunden und starken Ehe kann jeder in seiner Persönlichkeit aufblühen und sich entwickeln, hat im anderen einen starken Rückhalt. Die Beziehung ist ein starkes Fundament für stürmische Zeiten und eine Oase der Erfrischung, der Freude und der Liebe. Das alles mit den schweren und guten Zeiten, mit den Krisen und Konflikten, mit den Niederlagen, Verlusten und Gewinnen gleicht einer Abenteuerreise. Sie kostet dich viel. Aber du kannst auch immens viel gewinnen.

Interessanterweise ist das Prinzip einer gesunden Ehe exakt das Gleiche.

GUTER SEX UND EINE GESUNDE EHE BEDINGEN SICH GEGENSEITIG: GUTER SEX IST EINE KRAFTQUELLE FÜR DEINE EHE UND DEINEN ALLTAG. GLEICHZEITIG HILFT ABER AUCH EINE GESUNDE EHE DABEI, GUTEN SEX ZU HABEN.

Das ist ein bisschen wie beim Fußball: Oben auf den Rängen stehen die Fans und feuern ihre Mannschaft an. Sie geben den Spielern auf dem Feld Kraft und putschen sie auf. Rapid Wien gehört sicherlich nicht zu den besten Fußballmannschaften auf diesem Planeten. Aber die Fans sind berühmt für die Rapid-Viertelstunde. Die letzten 15 Minuten geben die Fans noch mal alles und peitschen das Team aus den Tiefen ihrer Lungen nach vorne. So manches verloren geglaubte Spiel wurde in dieser Zeit noch gewendet.

Gleichzeitig verhilft eine Mannschaft, die guten Fußball spielt, ihren Fans zu einem weitaus befriedigenderen Stadionerlebnis. Beide stärken sich gegenseitig und gehören irgendwie zusammen. Niemand käme auf die Idee, einfach so ins Stadion zu gehen und Fahnen zu schwenken, ohne dass da jemand wäre, den man anfeuern könnte. Während umgekehrt wohl für fast alle Fußballspieler ein Geisterspiel vor leeren Rängen irgendwie eine seelenlose Veranstaltung wäre. Wenn Fans und Mannschaft eine

Einheit sind, können sie große Dinge erreichen, Krisen meistern und Erfolge feiern.

Warum Ehe und Sex so gut zusammenpassen, erkläre ich dir übrigens auch im Kapitel »Die Sexparty der Neurochemicals«: Es gibt Hormone, die beim Sex ausgeschüttet werden und nicht nur die Bindung zwischen den beiden Sexpartnern stärken, sondern auch Stress reduzieren, die Aufmerksamkeit für soziale Signale steigern und beispielsweise dabei helfen, Konflikte zu lösen.

In diesem Buch kann ich dir nur ansatzweise dabei helfen, eine bessere Ehe zu führen. Alles, was mit emotionaler Intimität zu tun hat, wird euch nicht nur dabei helfen, schöneren Sex zu haben, sondern auch dabei, eine gesündere Ehe zu führen. Und natürlich wird sich der bessere Sex auch auf eure Ehe auswirken. Wenn du noch mehr über eine gelungene Ehe lernen möchtest, empfehle ich dir das Buch »Liebe & Respekt« von Emerson Eggerichs.

AUGEN AUF IM VERKEHR!

6.2 EXKLUSIVITÄT VOR DER EHE

Der Hennessy Venom F5 gehört zu den schnellsten Autos der Welt. Sein Motor ist 1600 PS stark und beschleunigt das Auto in 14 Sekunden auf 300 km/h. Auf einer geeigneten Strecke kann man angeblich über 480 km/h damit fahren – und theoretisch von Berlin nach München in unter zwei Stunden. Stell dir diesen Motor mal in einem Trabbi vor!

Ein kraftvoller Motor gehört in eine kraftvolle Karosserie. Sonst kann sich entweder die Kraft des Motors nicht entfalten oder die Karosserie fliegt dir um die Ohren.

So ähnlich ist das auch mit Sex. Wenn du das Kapitel »Dein Antrieb« gelesen hast, weißt du, dass Sex eine enorme Power hat. Und genau wie beim Venom F5 gehört auch dieser starke Motor in eine starke Karosserie: die Ehe. Aus Gottes Sicht kann es keine stärkere Verbindung zwischen zwei Menschen geben.

Mit anderen Worten: Sex gehört in die Ehe. Exklusivität vor der Ehe bedeutet insofern ganz einfach, vor der Ehe enthaltsam zu leben und keinen Sex zu haben.

Ich bin mir bewusst, dass diese Sichtweise in den Ohren vieler total veraltet und verklemmt klingt. Enthaltsamkeit vor der Ehe ist ein Wert, der aus Sicht unserer modernen Gesellschaft oft nur »komischen konservativen Christen« zugeordnet wird. Das Problem ist außerdem, dass viele konservative Christen mit diesem Wert aufwachsen, aber nicht wissen, warum es diese fromme Regel gibt. Fromme Regeln zu befolgen, die man gar nicht versteht, während alle anderen anscheinend riesigen Spaß haben, ist nicht wirklich motivierend.

Motivationskiller Nr. 1: Fromme Regeln zu befolgen, während andere anscheinend Spaß haben.

Egal, ob du zu jenen gehörst, die versuchen, eine fromme Regel zu befolgen, oder ob das genaue Gegenteil der Fall ist: Ich wünsche mir, dass dieses Buch dir eine göttliche

Perspektive von Sex vermittelt. Eine Perspektive, die dich begeistert und motiviert, Gottes Idee von Sex zu begreifen und seine Wertmaßstäbe für dich persönlich anzuerkennen. Wichtig dabei ist, dass du selbst davon überzeugt bist und es wirklich möchtest.

In Sprüche Kapitel 29, Vers 18 heißt es, dass ohne Vision ein Volk zugrunde geht.[25] Ich glaube, das gilt genauso für unsere Sexualität.

OHNE EINE GÖTTLICHE VISION WIRST DU DAS VOLLE POTENZIAL, DAS GOTT IN DEIN SEXLEBEN HINEINGELEGT HAT, NICHT ENTDECKEN KÖNNEN.

Ohne Vision ist die Gefahr groß, falsche Entscheidungen zu treffen, durch die die Intimität mit deiner (zukünftigen) Partnerin, deine Ehe und dein Sexleben Schaden nehmen. Jede zweite Ehe in Deutschland wird geschieden: Da läuft anscheinend eine Menge falsch.

Wenn Sex außerhalb eines Ehebunds bisher für dich normal und selbstverständlich war, möchte ich keinesfalls ein Urteil über dich fällen. Ich möchte dich vielmehr gewinnen, deine Haltung zu Sex und deine dahinterliegenden Wertemaßstäbe zu überdenken und gegebenenfalls gemäß den Werten Gottes zu korrigieren. Ich glaube, das ist der einzige Weg für ein wirklich erfülltes, lebenslanges leidenschaftliches Sexleben.

Aber auch, wenn du aus einem christlichen Umfeld kommst, die fromme Regel »Kein Sex vor der Ehe« kennst und sie entweder befolgt oder als gesetzlich abgetan hast, möchte ich dich bitten: Hör dir an, warum ich glaube, dass dieses Gebot sinnvoll ist und unser Sex- und unser Eheleben schützen kann. Und dann entscheide selbst, ob du in Zukunft nach diesem Wert leben möchtest – oder eben nicht.

Lass mich noch kurz ein paar Gedanken zu jenen sagen, die in ihrer Partnerschaft mit dem Sex bis zur Ehe gewartet haben und jetzt in der Ehe von ihren Sexleben enttäuscht sind. Vielleicht ist bei einigen die Ehe sogar schon wieder vorbei. Wenn das auf dich zutrifft, denkst du dir möglicherweise: Na super, hat auch nichts gebracht zu warten. Hätte ich es lieber mal vorher ausprobiert. In meiner nächsten Beziehung mache ich es so, wie ich es für richtig halte.

Solche Gedanken sind absolut nachvollziehbar, meiner Meinung nach aber die falsche Schlussfolgerung. Kann es sein, dass ihr versucht habt, eine fromme Regel einzuhalten, ohne wirklich davon überzeugt zu sein? Mit dem Sex bis zur Ehe zu warten ist an sich natürlich kein Garant für eine glückliche und leidenschaftliche Ehe. Für ein exklusives und erotisches Sexleben braucht es das gesamte Paket, das ich dir in diesem Buch zeigen möchte.

Während unserer Verlobungszeit kam der Fernsehsender RTL auf uns zu mit der Anfrage, ob sie einen Beitrag in RTL Explosiv über ein Paar drehen könnten, das mit dem Sex bis zur Ehe wartet. Wir fanden das Angebot sehr spannend und hatten zugesagt. Der Filmdreh und die anschließende Ausstrahlung waren eine interessante Erfahrung. Am Ende waren wir positiv überrascht, wie wertschätzend der Filmbeitrag geworden war.

ALS ICH FRANZI DAS ERSTE MAL SAH, WAR ICH TIEF BEEINDRUCKT DAVON, WIE SIE ALS ATTRAKTIVE FRAU SO ENTSCHLOSSEN MIT JESUS UNTERWEGS WAR. WIE STARK SIE VOM WERT IHRES KÖRPERS UND DEM WERT VON SEX ÜBERZEUGT WAR.

Ich war zu jenem Zeitpunkt gerade mit einer Beziehung brutal an die Wand gefahren.

Als ich mich ein Dreivierteljahr später in Franzi verliebte, war mir klar, dass diese Frau etwas Besonderes ist. Sie weiß, wer sie ist, und kennt ihren Wert. Sie hatte noch keinen Freund vor mir. Sie war ungeküsst und unberührt. Und zwar nicht, weil sie keine Angebote gehabt hätte (im Gegenteil), sondern weil sie sich klar war, sie würde sich niemals an einen Mann verschenken, der nicht bereit war, alles für sie zu geben und sie zu heiraten.

Franzi und ich haben uns also dazu entschieden, mit dem Sex bis zur Hochzeitsnacht zu warten. Der Grund dafür war nicht eine fromme Regel, die uns irgendein Pastor aufgezwängt hat, sondern weil wir uns mit Gottes Idee von Sex auseinandergesetzt und uns entschieden hatten, ihn und seine Gebote zu ehren und sein Gebot zu unserem Wertmaßstab zu machen.

Nach mehr als 17 Jahren Ehe sind wir immer noch verliebt und leidenschaftlich. Dafür sind wir Gott sehr dankbar und erachten es nicht als unseren Verdienst. Wir haben natürlich auch unsere Konflikte. Aber über all die Jahre sind unsere Ehe und unser Sexleben fresh und erfüllt geblieben.

ICH BIN DAVON ÜBERZEUGT, DASS DER SEGEN, DEN WIR IN UNSERER EHE ERLEBEN DÜRFEN, AUCH ETWAS DAMIT ZU TUN HAT, WIE WIR DIE ZEIT UNSERER BEZIEHUNG VOR DER EHE GESTALTET HABEN.

Enthaltsam zu leben war auf der einen Seite nicht immer einfach. Andererseits ist es uns aber doch nicht schwergefallen, weil dieses Ziel ganz klar für uns war und wir darauf fokussiert blieben. Dadurch konnten wir eine wertvolle Grundlage für unsere Intimität und unser Sexleben legen. Wir haben quasi eine relativ kurze Zeit verzichtet und gelernt, unseren Sextrieb zu beherrschen, an unserer Kommunikation und emotionalen Herzensnähe gearbeitet.

In unserer Hochzeitsnacht haben wir uns zum ersten Mal nackt gesehen, uns intim berührt und hatten Sex. Alles, was wir seitdem erleben, ist für mich eine Frucht dessen, was wir vor der Ehe investiert haben. Damit meine ich nicht, dass jede Ehe von alleine läuft, auch dann nicht, wenn man erst in der Ehe Sex hatte. Wir alle wissen, dass das nicht so ist. Aber ähnlich wie die ersten Jahre im Leben eines Kindes die stärkste Prägung für den Rest seines Lebens haben, haben die Haltungen und Werte, die wir in dem ersten Jahr unserer Beziehung lebten, eine sehr wichtige und entscheidende Grundlage für unsere Ehe gelegt.

WER BRAUCHT SCHON FROMME GEBOTE?

Wenn ich bei Workshops oder in Predigten über Enthaltsamkeit vor der Ehe spreche, werde ich oft gefragt, wo das denn genau in der Bibel steht, dass man vor der Ehe keinen Sex haben dürfe.

HINTER DIESER FRAGE STEHEN ÜBLICHERWEISE ZWEI VERSCHIEDENE HALTUNGEN:

- Gott verbietet mir alles, was Spaß macht. Gebote engen mich ein, rauben mir meine individuelle Freiheit und Selbstbestimmung. Dagegen wehre ich mich und suche nach Auswegen. Eigentlich hoffe ich, eine Rechtfertigung dafür zu finden, dass Sex ohne den Rahmen des Ehebunds schon o.k. ist.
- Ich möchte ernsthaft herausfinden, was Gott zu bestimmten Themen zu sagen hat, und verstehen, was Gottes Absichten für mein Leben sind – und mich dann danach ausrichten.

Wenn du dich eher in der ersten Gruppe wiederfindest, dann möchte ich dir sagen, dass ich dich nicht mithilfe der Bibel zu etwas überreden will, das du eigentlich bescheuert findest. Das wäre auch wieder nichts anderes als eine fromme Regel. Dann lebe deine Sexualität lieber aus, wie du es willst. Sei dir aber bewusst, dass dein Handeln Konsequenzen hat, die du zu verantworten hast.

Wenn du dich in der zweiten Gruppe findest, dann möchte ich dich in das Wort Gottes hineinnehmen und dir zeigen, was ich entdeckt habe und warum ich so begeistert von Enthaltsamkeit vor der Ehe bin. Dabei ermutige ich dich, selber die Bibelstellen zu lesen und nachzuforschen, Gott zu suchen. Aber vergiss nicht, dass es nicht einfach um eine Regel geht, die dir etwas erlaubt oder verbietet. Suche nicht den Buchstaben des Gesetzes, sondern lerne das Herz des Schöpfers von Sexualität kennen.

Zu beiden Gruppen möchte ich aber gerne sagen: Die vielen Gebote aus dem Alten Testament sind nicht alle leicht zu verstehen. Warum sollten Juden beispielsweise kein Schweinefleisch essen? Weil es leicht vergammeln konnte. Heute wissen wir ganz genau, wie ungesund Schweinefleisch sein kann. Andere Gebote sind weniger leicht nachvollziehbar. Und vielleicht denkst du dir auch: Wo ist das Problem? Wir lieben uns, sind uns treu: Warum sollen wir keinen Sex haben? Wenn du jetzt nur den Buchstaben der biblischen Gebote hernimmst, aber das Herz Gottes nicht erkennst, wirst du das Gebot tatsächlich nicht nachvollziehen können.

Meine Grundhaltung allen Geboten Gottes gegenüber ist, dass seine Ordnung gut für mich ist – auch wenn ich nicht alle bis ins Detail verstehe. Unser Leben, unsere Liebe zueinander und unsere Gemeinschaft müssen vor unserer selbstsüchtigen Natur geschützt werden. Gott gebietet uns, nicht zu töten, nicht zu lügen, nicht zu stehlen, das Eigentum eines anderen nicht zu begehren. Und diese Gebote haben den Fokus, dass du eben nicht getötet, belogen, bestohlen oder beneidet wirst. Ich vermute, du fändest es gut, wenn sich andere an diese Gebote halten würden, oder?

Niemand würde auf die Idee kommen zu sagen: Das ist ja heute voll veraltet. Stehlen, lügen, betrügen macht ja eh jeder, also ist es doch o.k. Das sagt deswegen niemand, weil ganz einfach niemand ermordet, betrogen oder bestohlen werden will.

Das hebräische Wort für Sünde lautet übrigens חַטָּאת/Chata'a. Chata'a kann man am besten mit Zielverfehlung übersetzen. Das heißt, dass Sünde nicht einfach nur ein anderes Wort für moralisches Versagen ist.

SONDERN: SÜNDE BEDEUTET, DU VERPASST AUS GOTTES SICHT DAS ZIEL ODER SEINE BESTIMMUNGEN IN EINEM BESTIMMTEN BEREICH DEINES LEBENS.

Wenn du sündigst, hast du nicht zwangsläufig nach menschlichen Maßstäben falsch gehandelt, aber du hast anders gehandelt, als Gott es gewollt hätte. Er empfindet dabei wie ein Vater, den es schmerzt, weil wir in eine Falle tapsen, störrisch immer wieder die gleichen Fehler machen und uns selbst damit schaden. Er ist traurig, weil wir ihm nicht vertrauen, unseren eigenen Weg gehen und dadurch seinen reichen Segen verpassen.

EHEBRUCH UND PORNEIA

Das sechste Gebot lautet: Du sollst nicht ehebrechen. Es geht allerdings nicht um Scheidungen, sondern um Sex außerhalb der Ehe. Ehebruch ist, wenn ein Mann oder eine Frau mit jemand anderem als dem eigenen Ehepartner Sex hat. Letztendlich geht es aber auch hier um die Herzenshaltung. Jesus sagt, dass jemand die Ehe im Herzen bereits bricht, wenn er eine Frau nur lüstern anschaut. Aber warum muss das so sein? Warum legt Gott einen so großen Wert auf Exklusivität?

Einen Hinweis finden wir in 1. Mose 2,24 (LUT): »Ein Mann wird Vater und Mutter verlassen«, heißt es da. »Er wird seiner Frau anhängen und die zwei werden ein Fleisch sein.« Ein Fleisch, eins. In einer Ehe kommen sich zwei Menschen so nahe, dass sie wie eins sind. Körperlich, wenn sie Sex haben, und emotional. Und diese Nähe braucht Schutz. Denn wenn du zwei Dinge trennst, die eins geworden sind, zerstörst du beide.

Relativ vielen Menschen ist klar: Wenn sie einen Menschen wirklich lieben und es ihnen total ernst ist mit der Beziehung, dann heiraten sie.[26] Genauso klar ist, wenn sie in einer solchen Beziehung stecken und dann Intimität mit anderen pflegen, gefährden sie ihre Ehe. Nun magst du denken: Das heißt doch aber noch nicht zwangsläufig, dass man vor der Ehe keinen Sex haben darf?

Ich bin der Meinung: Doch, das heißt es schon. Intimität braucht Schutz. Und ohne diesen Schutz sollten wir mit niemandem intim werden. Allerdings stimmt es, dass das sechste Gebot an sich noch kein Gebot der Enthaltsamkeit vor der Ehe formuliert.

Paulus tut das im Neuen Testament sehr wohl. Und zwar nicht nur einmal, sondern sehr häufig. Immer wieder warnt er die Leser seiner Briefe vor πορνείᾳ/Porneia. Ich werde dir gleich genauer erklären, was Porneia bedeutet. Lasst uns aber zuerst ein paar Stellen aus Paulus-Briefen lesen, um zu sehen, in welchem Kontext Paulus Porneia verwendet.

- Im ersten Brief an die Korinther steht in Kapitel 6, Vers 18 (NGÜ): »Lasst euch unter keinen Umständen zu Porneia verleiten! Was immer ein Mensch für Sünden begehen mag – bei keiner Sünde versündigt er sich so unmittelbar an seinem eigenen Körper wie bei Porneia.«

- Im Brief an die Kolosser schreibt Paulus in Kapitel 3, Vers 5: »Trennt euch ganz entschieden von einem Lebensstil, wie er für diese Welt kennzeichnend ist! Trennt euch von Porneia und Ausschweifungen, von Leidenschaften und Lastern, aber auch von der Habgier, die den Besitz für das Wichtigste hält und ihn zu ihrem Gott macht!« (HfA)

- Und in seinem ersten Brief an die Thessalonicher schreibt er in Kapitel 4, Verse 3 und 4: »Gott will, dass ihr ein geheiligtes Leben führt. Dazu gehört, dass ihr euch von Porneia fernhaltet. Jeder von euch muss lernen, Herr über seine Triebe zu sein, denn euer Leben gehört Gott, und die Menschen sollen Achtung vor euch haben.« (NGÜ)

Porneia wird oft mit Unzucht oder sexueller Unmoral übersetzt. Leider ist Unzucht nicht gerade ein modernes Wort. Es klingt nicht wie etwas, das wir mit Sex vor der Ehe in Verbindung bringen würden, oder? Der lexikalische Sprachschlüssel der Elberfelder Studienbibel erklärt das Wort folgendermaßen:

PRONEIA: HUREREI, UNZUCHT [...] MEINT JEGLICHEN AUßEREHELICHEN GESCHLECHTSVERKEHR.[27]

Genauso deutlich klingt die Übersetzung übrigens auf Englisch. Dort wird Porneia mit fornication übersetzt. Und fornication bedeutet laut dem Cambridge Dictionary, Sex zu haben mit jemandem, mit dem man nicht verheiratet ist.[28]

Genau wie im Deutschen klingt fornication irgendwie negativ und moralisierend. Aber im Englischen hat sich deswegen nicht die Bedeutung des Wortes verändert, sondern man verwendet es schlicht und ergreifend nicht mehr so häufig. Stattdessen sagt man: außerehelicher Sex.[29]

PORNEIA MEINT ALSO JEGLICHEN SEX AUßERHALB ODER VOR DER EHE.

Auch, wenn er vollkommen normal zu sein scheint. Paulus warnt uns in seinen Briefen ja explizit, gerade nicht darauf zu achten, was gesellschaftlich als normal gilt. Als Christen sollen wir uns nicht danach ausrichten, was die Menschen um uns herum tun, sondern in erster Line danach, was Gottes Idee und Maßstab für unser Sexleben ist. Ich persönlich glaube, dass niemand besser weiß, was gut für mich ist, als Gott, der Schöpfer von Sex. Und deswegen richte ich meine Werte nach seinen Geboten aus.

Andere Autoren sagen, dass es sich bei Porneia lediglich um bezahlten Sex handelt, also Sex mit einer Prostituierten. Damit rechtfertigen sie ihren Standpunkt, dass sexuelle Unmoral nicht den vorehelichen Sex in einer Paarbeziehung beinhaltet und damit o.k. ist. Diese Interpretation umfasst aber nur einen kleinen Teil der Wortbedeutung und greift insofern zu kurz. Es scheint fast so, als wollten diese Autoren die Bibel den modernen gesellschaftlichen Moralvorstellungen anpassen.

Es geht bei all diesen Stellen rund um Porneia übrigens nicht darum zu sagen, Gott fände sexuelle Sünden schlimmer als zum Beispiel Lüge oder Diebstahl. Gott geht es um die Konsequenzen, die Sünde für uns und andere Personen hat. Und bei sexueller Unmoral sind die Konsequenzen eben weitaus dramatischer als bei manchen anderen Verfehlungen. Wenn du Sex vor der Ehe hast, heißt das nicht, dass Gott dich nicht mehr liebt. Er warnt dich aber vor diesem Fehlverhalten, weil er als Schöpfer und Designer von Sex weiß, welche Kraft Sex hat. Zum Guten wie zum Schlechten.

Gott, der Designer von Sex, kennt die Kraft, die Sex hat: zum Guten wie zum Schlechten.

Was aber, wenn die Elberfelder-Bibelübersetzung, Wikipedia, Cambridge und so weiter alle unrecht haben und Paulus mit Porneia doch nur Hurerei und Tempelprostitution gemeint hat? Ich finde, das macht insbesondere im Kontext der gesamten Bibel keinen Sinn. Im 1. Korintherbrief, Kapitel 7, Vers 9 schreibt Paulus: »Fällt es ihnen jedoch zu schwer, ihr Verlangen zu beherrschen, dann sollen sie heiraten. Es ist besser zu heiraten, als von unerfülltem Verlangen verzehrt zu werden.« (NGÜ)

Das ist eine ziemlich eindeutige Stelle. Wenn Paulus kein Problem mit vorehelichem Sex hätte, würde er diese Stelle anders ausdrücken. Nirgendwo in der Bibel steht Sex vor der Ehe in einem positiven Licht. Das hat einen einfachen Grund: Sex vor der Ehe war ganz einfach nichts Positives, kein Abenteuer, kein romantischer Vorgriff auf die Ehe. Wenn im antiken Judentum ein Mann eine Frau heiratete und dann feststellte, dass seine frisch vermählte Ehefrau keine Jungfrau mehr war, konnte er sie vor Gericht stellen und steinigen lassen. Dementsprechend beging ein junger Mann, der mit einer Frau schlief, ohne sie zu heiraten, ein furchtbares Ehrverbrechen, für das die Verwandten der jungen Dame Blutrache forderten.

Genau das geschieht in 2. Samuel Kapitel 13, die Verse 1 bis 29: Als Amnon, ein Sohn Davids, scharf auf seine Halbschwester Tamar war, bat sie ihn, zu David zu gehen und sich mit ihr verheiraten zu lassen. Genau das tat er nicht. Sie schliefen dennoch zusammen und er schickte sie danach fort. Das war eine dermaßen große Katastrophe, dass Absalom, ein leiblicher Bruder Tamars, sie rächte und Amnon ermordete. Und zwar nicht sofort im Affekt, sondern ganze zwei Jahre nach dem One-Night-Stand. Die gesamte Zeit über nagte Amnons Verhalten an Tamars und damit auch an Absaloms Ehre.

Nun, jetzt kennst du meinen Standpunkt und warum ich begeistert und dankbar bin, dass Sex exklusiv in die Ehe gehört. Deinen Standpunkt musst du selbst finden. Überleg dir, welchen Wert du deiner Sexualität beimisst, und triff dann eine Entscheidung.

Mal abgesehen von den biblischen Gründen gibt es allerdings noch weitere gute Gründe, mit dem Sex bis nach der Hochzeit zu warten.

Ich werde auf den nächsten Seiten darüber sprechen,

- wie wichtig das erste Mal ist,
- warum ihr mit Sicherheit und Vertrauen in die Ehe startet, wenn ihr vor der Ehe keinen Sex hattet,
- inwiefern du Treue durch Enthaltsamkeit lernen kannst,
- inwiefern Sex dich bei der Wahl deines Partners täuschen kann,
- warum es nicht notwendig ist, Sex mit dem Partner deines Lebens erst auszuprobieren, bevor du dich auf die Ehe einlässt.

DAS ERSTE MAL

Es gibt für alles nur ein erstes Mal! Der erste Kuss, das erste Mal eine Frau nackt sehen, sie intim berühren, von ihr berührt werden, das erste Mal mit ihr schlafen. Überlege dir genau, wem du dein erstes Mal schenken willst. Danach ist es weg. Es ist ein sehr wertvolles Geschenk. Wer ist es wert, dieses Geschenk zu erhalten?

Wie ich dir zu Beginn des Buches erzählt habe, konnte ich mein erstes Mal leider nicht der Liebe meines Lebens schenken, sondern habe es vorher schon einer anderen Frau gegeben. Das habe ich im Nachhinein sehr bereut. Ich bin Gott dankbar, dass er letztendlich mein Herz geheilt hat und unser erster Sex in der Hochzeitsnacht für mich eine komplett neue Erfahrung war.

Das erste Mal ist zwar ein ziemlich großes Geschenk, das man nur einmal machen kann. Aber dennoch ist es noch so viel mehr als nur ein Geschenk. Es ist ein kraftvoller, wertvoller Moment, der sich höchstwahrscheinlich in dein Hirn einbrennen wird. Und diese Erinnerung wird dich für den Rest deines Sexlebens prägen. Das möchte ich dir anhand eines Beispiels zeigen:

Das erste Mal: ein Moment, der sich in dein Hirn einbrennen wird!

Angenommen, ein junger Mann – wir nennen ihn Max – hatte das erste Mal Sex mit einer jungen Frau, die er im Urlaub kennengelernt hat. Sie haben sich in der Hotelbar unterhalten, am Strand wiedergetroffen, auf einen Drink verabredet. Sie haben eines der Schlösser geknackt, mit denen die Strandliegen an den Sonnenschirmen befestigt sind. Seine erste sexuelle Erfahrung unter dem blanken Sternenhimmel war wahrscheinlich mit der Ausschüttung von viel Adrenalin verbunden. Aufregend wars natürlich sowieso, aber dazu kam die Angst, erwischt zu werden. Was, wenn es hier Strandwächter gibt oder wenn uns andere Touristen, die am Strand entlanglaufen, erwischen? Weil sich diese erste sexuelle Erfahrung und ihr Kontext tief in sein Unterbewusstsein eingebrannt hat, ist die Wahrscheinlichkeit hoch, dass Sex für Max immer irgendwie etwas Abenteuerliches sein muss. Er braucht den Nervenkitzel einfach. Und genau danach sucht Max. Die primäre Verknüpfung in seinem Gehirn sieht ungefähr so aus:

SEX = LUST UND EIN EROTISCHES ABENTEUER.

Wenn es jetzt in seiner Ehe mal nicht so gut läuft, wird Max sich vielleicht auch nur unbewusst an das Abenteuer am Strand zurücksehnen. Die junge Dame wird immer einen Platz in seinem Kopf haben, egal, ob er sich an ihren Namen erinnern kann oder nicht. Was bleibt, ist die Sehnsucht nach Lust und Abenteuer und das Gefühl, einfach mit irgendwem ins Bett springen zu können, um diese Sehnsucht befriedigen zu können.

Ein anderer Mann – nennen wir ihn Moritz – schläft erst in der Hochzeitsnacht mit seiner Frau. Schon seit Wochen freuen sich beide darauf. Endlich dürfen sie sich gegenseitig auspacken und genießen! Es ist ebenfalls ein erotisches Abenteuer, wenn auch etwas anderer Natur. Sein Körper ist mit Adrenalin, Dopamin und was sein Gehirn sonst noch alles hergibt voll bis oben hin.

Wahrscheinlich klappt nicht alles gleich perfekt. Es ist aber alles neu und allein deswegen aufregend. Die Erfahrung von Sex ist für Moritz in erster Linie an seine Frau geknüpft. Wenn er an sein erstes Mal denkt, denkt er an seine Frau. Nie hat er mehr Intimität erlebt als mit dieser Frau.

Auch diese beiden werden schwere Zeiten in ihrer Ehe erleben. Nur: Weil sie mit dem Sex bis nach der Ehe gewartet haben, ist er nicht automatisch außerirdisch gut. Der Unterschied: Im Zentrum von Moritz' Sehnsucht steht seine Frau. Wenns nicht so gut läuft, sehnt er sich nach diesem Moment der Verbundenheit und Nähe zu seiner Frau zurück und nicht nach einfach nur einem kurzen sexuellen Abenteuer mit irgendeiner Frau. Die primäre Verknüpfung in seinem Gehirn sieht ungefähr so aus:

SEX = DIE INTIME VERBINDUNG ZU MEINER FRAU + LUST UND EIN EROTISCHES ABENTEUER.

Mit anderen Worten: Es ist ganz normal, dass wir uns in schlechteren Zeiten nach besseren Zeiten zurücksehnen. Und das erste Mal spielt in unseren Erinnerungen eine besonders große Rolle. Das heißt, du kannst das erste Mal ganz speziell einsetzen, um deine zukünftigen Erinnerungen und Sehnsüchte zu steuern. Wenn du dein Leben lang treu sein und mit der einen Frau weltbewegenden Sex haben möchtest, ist es deswegen eine gute Idee, mit dem Sex zu warten.

Wenn du dein erstes Mal noch vor dir hast, dann möchte ich dir Mut machen: Halte durch! Verschenke es nicht leichtfertig! Es ist zu kostbar. Wenn ihr es bis zur Hochzeitsnacht durchzieht, wird diese Erinnerung dann etwas sein, was deine Ehe und dein Sexualleben stärkt.

Wenn du diesen Moment allerdings schon verschenkt hast, heißt das nicht, dass du das Spiel bereits verloren hast. Es gibt immer eine Chance, neu anzufangen. Aber ich will ehrlich sein: Dazu braucht es nichts weniger als die Kraft und Gnade Gottes. Gott kann auch dein Herz berühren und dein Empfinden von Jungfräulichkeit wiederherstellen.

AUF SICHERHEIT UND VERTRAUEN BAUEN

Üblicherweise ist in einer Beziehung, in der beide Partner mit dem Sex bis zur Ehe warten wollen, einer von beiden die treibende Kraft, der andere die bremsende. Wenn sich derjenige durchsetzt, der mehr vom anderen will, als dieser von sich aus geben möchte, dann kann es sich wie Missbrauch anfühlen. Es geht nicht um Sex aus freien Stücken. Dann lässt sich einer von beiden nur deswegen auf sexuelle Aktivitäten ein, um den anderen nicht zu verlieren, ihn nicht abzuweisen oder um es ihm recht zu machen.

Dabei ist es vollkommen egal, ob sie oder er die treibende Kraft ist. Einer von beiden wird sich gedrängt, benutzt, missachtet fühlen.

Das ist meiner Meinung nach keine gute Basis, um ein lebenslanges Sexleben zu beginnen. Grandioser Sex beruht auf Vertrauen und Intimität – und nicht auf dem mehr oder weniger schonungslosen Ausleben der eigenen Lust.

Ich hätte einen Vorschlag: Ihr nutzt die Zeit vor der Ehe, um euch besser kennenzulernen. Ihr übt euch in erster Linie in Kommunikation. Ihr entwickelt eine gemeinsame Vision eures Sexlebens und unterhaltet euch darüber offen und ehrlich, wie weit ihr gehen würdet, was für euch zu Sex dazugehört und was nicht.

WIE WEIT DÜRFEN WIR GEHEN?

Eine wichtige Frage in diesem Kontext ist häufig, wann Sex beginnt und wie weit man gehen darf. Wenn du diese Frage stellst, möchte ich dich bitten, deine Herzenshaltung zu überprüfen. Wenn du mit der Haltung in die Zeit vor eurer Ehe gehst, möglichst intim zu werden, ohne zu sündigen, kann es euch leicht passieren, dass ihr die Grenze immer weiter nach hinten schiebt. Immer ein bisschen mehr, immer ein bisschen mehr.

Mal eine andere Frage: Wann fängt für dich Essen an? Erst wenn du den Braten mit Kloß und Soß in dich hineinschaufelst? Ist die Vorspeise nicht auch schon Essen? Und wie gut kannst du eigentlich auf Essen verzichten, wenn du die ganzen leckeren Speisen vor dir siehst und den leckeren Duft einatmest?

Nein, Vorspeise, Hauptgang und Nachspeise, sie alle gehören zum Essen dazu, sie alle stillen schon deinen Hunger. Vollkommen klar, manchmal macht man sich fix ein paar Nudeln mit Tomatensoße. Das kann eine befriedigende Mahlzeit sein. Aber zu einem richtig guten Essen gehören mehrere Gänge. Das weiß jeder. Selbst McDonalds weiß das und unternimmt viel, um dich wenigstens noch von einem Eis oder einem Donut zu überzeugen.

Wenn du immer nur vom Dessert naschst oder nur eine harmlose Vorspeise zu dir nimmst, ernährst du dich ziemlich ungesund. Es schmeckt zwar lecker. Aber richtig satt macht es dich nicht. Du brauchst mehr. Und mehr. Gleichzeitig vergeht dir die Lust auf richtiges Essen.

Überlegt also nicht, welche intime Handlung zu weit geht und auf welche Weise ihr den Rahmen des Erlaubten möglichst befriedigend und intim ausnützen könnt. Redet lieber darüber, was Sex für euch ist, was er euch bedeutet. Entschließt euch gemeinsam, mit dem Sex bis zur Ehe zu warten, und setzt dann eine Grenze fest, bis zu der ihr gehen wollt. Welche Grenze das ist, dass müsst ihr zusammen herausfinden.

Meine Empfehlung: Berühre nichts, was du selbst nicht hast, sieh nicht an, was du selbst nicht hast, präsentiere dem anderen nicht, was der nicht hat.

TREUE DURCH ENTHALTSAMKEIT

Enthaltsam in einer Beziehung zu leben ist sicherlich nicht leicht. Vor allem dann nicht, wenn ihr euch liebt und attraktiv findet. Aber es ist eine hervorragende Möglichkeit zu lernen, den eigenen Sextrieb zu beherrschen.

Enthaltsamkeit ist aber nicht nur ein gutes Training für den Sextrieb, es ist auch ein Training für die Treue.

**»WER IM GERINGSTEN TREU IST,
IST AUCH IN VIELEM TREU,
UND WER IM GERINGSTEN UNGERECHT IST,
IST AUCH IN VIELEM UNGERECHT.«**

Lukasevangelium Kapitel 16, Vers 10 (ELB)

Ich glaube, dass es sich dabei um eine ziemlich schlaue Aussage handelt, um ein Prinzip, das sich auf viele Bereiche übertragen lässt, auch auf Sex. Sie sagt aus, dass wir uns im Kern in ähnlichen Situationen auch ähnlich verhalten werden. Mit anderen Worten: Wenn du es vor der Ehe nicht schaffst, deinem Verlangen standzuhalten, schaffst du es auch in der Ehe nicht. Vor allem auch nicht in jenen Situationen, in denen sich das Verlangen nicht auf deine eigene Ehefrau konzentriert, sondern auf irgendeinen Porno, auf den Stripschuppen oder die neue hübsche Kollegin, die dich so anhimmelt.

Nutze deswegen die wertvolle Zeit vor der Ehe und trainiere, der Herr deines Sextriebes zu werden. Wenn du merkst, dass das Verlangen

Nutze die Zeit vor deiner Ehe zum Training. Werde Herr deines Sextriebs!

zu stark ist und du immer wieder gegen dich selbst verlierst, suche dir jemanden, mit dem du darüber sprechen kannst. Es gibt keinen besseren Zeitpunkt.

WENN DICH DEINE NEUROCHEMICALS TÄUSCHEN

Ich glaube, wenn ihr vor der Ehe enthaltsam lebt, baut ihr ein stabiles Fundament aus Sicherheit und Vertrauen auf. Ihr habt gelernt, euch aufeinander zu verlassen, ihr hattet euren Sextrieb weitgehend unter Kontrolle und habt euch in Treue geübt. In der Zeit vor der Ehe konntet ihr außerdem schon ein Stück weit in Kommunikation und emotionale Intimität investieren. Das alles sind hervorragende Aussichten, mit einem fetten Sexboost in die Ehe zu starten.

Neben diesen positiven Gründen, enthaltsam zu leben, möchte ich dich aber auch vor etwas warnen. Im Kapitel »Die Sexparty der Neurochemicals« schreibe ich über verschiedene neurochemische Reaktionen, die im Körper ablaufen, wenn wir Sex haben. Sex ist unter anderem dazu da, eine Beziehung zu stärken und zwei Menschen aneinander zu binden. Wenn ihr Sex vor der Ehe habt, laufen diese Reaktionen ganz genauso ab. Das heißt, dass ihr euch allein aufgrund dieser neurochemischen Reaktionen stärker zueinander hingezogen fühlen werdet. Die Wahrscheinlichkeit ist groß, dass die chemischen Vorgänge euren Blick füreinander trüben und euch täuschen.

Wenn ihr aber mit körperlicher Intimität und Sex in eurer Beziehung vor der Ehe wartet, habt ihr wesentlich bessere Chancen, euch wirklich kennenzulernen und eine gute Wahl bezüglich der Liebe eures Lebens zu treffen. Außerdem könnt ihr in eure emotionale Intimität, eure Kommunikation und Herzensnähe investieren. Ihr könnt gemeinsam über eure Träume und Lebensvisionen sprechen. Ihr könnt euch darauf vorbereiten, das ganze Leben miteinander zu verbringen. Und ihr könnt euch auch auf eure körperliche Intimität vorbereiten, indem ihre eure emotionale Intimität trainiert.

WENN IHR OHNE DIESE VORBEREITUNGSZEIT LOSLEGT, BESTEHT DIE GEFAHR, DASS IHR NEGATIVE ERFAHRUNGEN AUFHÄUFT – UND DIESE MIT IN DIE EHE NEHMT.

In meiner ersten Beziehung ist genau das mit mir passiert. Meine damalige Freundin war eine tolle Frau und das ist sie immer noch. Wir hatten unsere Grenzen, was Sex angeht, immer weiter ausgedehnt. Dadurch hat mich dieser Verblendungseffekt voll getroffen. Obwohl meine Lebensvision, meine Träume und Ziele nicht wirklich mit ihren übereingestimmt haben, habe ich mich von meinen Gefühlen täuschen lassen und gedacht: Sie ist die Richtige für mich. Im Nachhinein bin ich allerdings fast dankbar, dass es für mich so hart kommen musste. Ich hätte es vermutlich von alleine nicht gecheckt, dass unsere Ehe niemals hätte funktionieren können.

DIE KATZE IM SACK

Die Neurochemicals spielen auch eine Rolle, warum es nicht sinnvoll ist, die sexuelle Kompatibilität vor der Ehe zu prüfen, was natürlich nur geht, wenn ihr Sex habt.

Wir Deutschen sind gerne in Kontrolle. Wir sind gerne auf der sicheren Seite. Vielleicht gehts dir genauso und du kennst den Gedanken, deine zukünftige Ehefrau erst mal ausreichend zu prüfen, bevor du dich auf ein lebenslanges Engagement einlässt. Und eine der Prüfungskategorien ist ihre Performance im Bett. Warum sollte man jemanden heiraten, zu dem man sexuell nicht passt? Man kauft ja auch kein Auto, ohne mal zur Probe gefahren zu sein.

Allerdings ist Sex kein guter Indikator für die Qualität von späterem Sex. Niemals. Nur weil Sex ein paarmal gut ist, muss er nicht für immer gut bleiben. Nur weil es eine Zeit lang nicht gut läuft, heißt das nicht, dass es niemals gut laufen kann. Guter Sex ist in erster Linie das Resultat von gewachsener tiefer Intimität und Exklusivität.

Ein Freund erzählte mir, wie sie sich vor ihrer Hochzeit oft lange leidenschaftlich küssten, kuschelten und ihre körperlichen Grenzen fast nicht einhalten konnten (sie hatten sich vorgenommen, mit dem Sex bis zur Ehe zu warten). Er erzählte mir, dass seine Partnerin voll auf ihn abfährt und körperlich fast nicht zu bremsen ist. Er freute sich auf die Hochzeit und konnte es kaum erwarten, mit seiner leidenschaftlichen Partnerin in die Flitterwochen zu fahren. Nach einiger Zeit allerdings musste er ernüchternd feststellen, dass diese voreheliche Leidenschaft schnell verflogen war und heute ihr Sexleben nicht wirklich glücklich und erfüllend ist. Was ist hier passiert?

Etwas Ähnliches habe ich bereits beschrieben: Der Liebescocktail hat das sexuelle Verlangen in der Verliebtseinsphase getriggert und das Gehirn mit Lust geflutet. Nachdem die Wirkung des Cocktails durch die Normalität des Ehealltags nachgelassen hat, ist ihr sexuelles Lustempfinden damit auch wieder abgeflacht. Und mein lieber Freund ist sich plötzlich gar nicht mehr sicher, ob er die richtige Frau geheiratet hat. Diese Geschichte ist wahrlich kein Einzelfall und einer der Gründe, warum Ehen oft schon nach kurzer Zeit wieder auseinandergehen.

MYTHOS #9: DIE EHE WIRD NUR FUNKTIONIEREN, WENN IHR EUCH VORHER GEGENSEITIG AUSREICHEND GETESTET HABT – INSBESONDERE SEXUELL.

Klar: Sich gegenseitig kennenlernen ist sehr wichtig. Ich habe allerdings die Erfahrung gemacht, dass Menschen, die so etwas sagen, eigentlich nur den sexuellen Aspekt meinen. Als ob eine Ehe gelingen könnte, wenn der Sex zwar himmlisch ist, ansonsten aber nichts zusammenpasst.

Egal, wie grandios oder furchtbar der Sex zu irgendeinem Zeitpunkt ist, sagt das nichts darüber aus, wie der Sex zu irgendeinem anderen Zeitpunkt ist. Guter Sex ist in erster Linie das Produkt einer funktionierenden Beziehung, von Exklusivität und Intimität.

ENTHALTSAMKEIT – SO SCHAFFST DU ES

Wenn dich meine Ausführungen dazu motiviert haben, mit dem Sex bis zur Ehe zu warten, möchte ich dir jetzt ein paar Hilfestellungen geben, wie du es schaffen kannst, deinen Werten auch treu zu bleiben und es durchzuziehen. Der erste Schritt zu einem enthaltsamen Leben vor der Ehe ist: Sich gar nicht erst in Versuchung zu führen. Doch selbst das ist gar nicht so einfach. Ihr müsst sehr wachsam sein. Denn sexuelles Verlangen ist dynamisch. Es beginnt mit einem Funken, aus dem sich schnell ein Flächenbrand entwickeln kann. Entfacht kein Feuer der Leidenschaft. Es ist supernervig, das Feuer immer wieder löschen zu müssen.

»KANN AUCH JEMAND EIN FEUER UNTERM GEWAND TRAGEN, OHNE DASS SEINE KLEIDER BRENNEN?«

Sprüche Kapitel 6, Vers 27 (LUT)

Was meine ich damit? Seid euch eurer Grenzen bewusst und hört ganz einfach rechtzeitig auf, wenn ihr euch körperlich nahe kommt. Das Ding ist: Wenn ihr erst in Unterwäsche aufeinander rumliegt, macht es wirklich so viel Spaß, vor dem letzten Schritt abzubrechen?

Bademode ist üblicherweise nicht viel besser als Unterwäsche. Wenn deine Freundin dauernd im Bikini vor dir herumhüpft, lenkt das deine Gedanken ganz automatisch in eine bestimmte Richtung. Es kann dir niemand übel nehmen, wenn du nur noch an das eine denken musst. Wenn ihr gemeinsam ins Bad geht, dann nehmt euch wenigstens Freunde mit, geht nicht allein und hängt euch nicht an den Beckenrand, um nonstop rumzuknutschen. Wenn ihr zusammen in den Urlaub fahrt, nehmt euch kein gemeinsames Hotelzimmer. Aus diesen Gründen würde ich euch auch nicht empfehlen, vor der Hochzeit zusammenzuziehen.

Dabei geht es nicht um eine verklemmte Weltsicht. Es ist ganz einfach klug, sich so zu verhalten, wenn ihr euch dazu entschlossen habt, enthaltsam zu leben. Durch eine gemeinsame Wohnung, ein gemeinsames Hotelzimmer oder gemeinsame Badeseeausflüge macht ihr es euch nur unnötig schwer.

Natürlich ist es möglich zu widerstehen. Aber wer will das denn wirklich? Ihr unterdrückt über Wochen und Monate euren Sexualtrieb. Und wenn ihr dann geheiratet habt, soll plötzlich alles funken und knistern? Das ist, als ob ihr mit eurem 300-PS-Wagen auf die Piste geht, Vollgas gebt und gleichzeitig die Handbremse anzieht. Kann schon sein, dass es dann erst recht abgeht in der Hochzeitsnacht. Wahrscheinlicher ist aber, dass die Reifen hinüber sind und ihr von Glück sprechen könnt, wenn ihr es in die Boxengasse schafft.

Vollgas mit angezogener Handbremse – das geht meistens nicht gut aus.

Wenn es darum geht, Grenzen einzuhalten, gehören logischerweise immer zwei dazu. Ich habe euch oben geraten, einander nichts zu präsentieren, was der andere nicht hat. Wenn dich der Körper deiner Partnerin und ihr Kleidungsstil auf Hochtouren bringt, darf das keine Ausrede sein, deinen Sextrieb nicht im Griff zu haben. Du musst dich schon selbst unter Kontrolle haben.

Aber trotzdem solltest du das ansprechen. Ihr seid doch ein Team, also solltet ihr euch auch gegenseitig dabei unterstützen, das gemeinsame Ziel zu erreichen. Sag deiner Freundin, dass du sie wunderschön findest, aber dass ihre Schönheit in ihren Klamotten etwas zu krass zur Geltung kommt und es dir schwerfällt, enthaltsam zu bleiben. Sprecht darüber, dass du sie als Person wertschätzt, aber ihr euch doch gemeinsam dazu entschlossen habt, mit dem Sex bis nach der Ehe zu warten. Wenn du auf sie eingehst und das so oder so ähnlich formulierst, wird sie sich hoffentlich nicht zurückgewiesen fühlen.

Das gilt aber auch für dich. Es soll auch Frauen geben, die beispielsweise muskulöse Männerkörper ansprechend finden. Wenn du einen solchen besitzt, dann stolziere nicht gerade vor ihr herum, als ob du direkt aus einer Werbung für Cola light oder Calvin Klein kommen würdest.

Besser als heikle Situationen zu vermeiden ist aber, eure Zeit einfach mit harmlosen Dingen zu füllen. Geht ins Kino, ins Museum, ins Café, unterhaltet euch, macht Sport, geht wandern ... Diesbezüglich wird euch schon was einfallen.

DER VERSUCHUNG ENTFLIEHEN

Die Versuchung wird aber kommen. Außer vielleicht, wenn ihr es tatsächlich zur eisernen Regel macht, euch immer nur in Begleitung anderer zu treffen. Das würde ich jetzt nicht unbedingt empfehlen! Aber mei, es sind eure Regeln.

Im zweiten Teil von »Herr der Ringe« kämpft Gandalf der Zauberer gegen den riesigen Balrog. Er klammert sich am Felsvorsprung fest und ruft seinen Gefährten zu: »Flieht, ihr Narren!« – bevor ihn der fallende Balrog mit in die Tiefe reißt.

Genau das Gleiche sage ich euch: Flieht! Die Versuchung wird kommen. Dann bleibt nicht auch noch in dieser Situation drin.

»FLIEHT DIE UNZUCHT! JEDE SÜNDE, DIE EIN MENSCH BEGEHEN MAG, IST AUẞERHALB DES LEIBES; WER ABER UNZUCHT TREIBT, SÜNDIGT GEGEN DEN EIGENEN LEIB«

1. Korintherbrief Kapitel 6, Vers 18 (ELB)

Rennt weg. Versucht nicht, der Versuchung zu widerstehen. Rennt weg. Geht auseinander, holt andere Leute hinzu, telefoniert mit euren Eltern. Am besten überlegst du dir vorher, wie du reagieren kannst, wenn es doch so weit ist. Die Chance, dass du widerstehst oder entkommen kannst, ist deutlich höher, wenn du gut vorbereitet bist.

Du könntest zum Beispiel einen guten Freund ins Vertrauen ziehen. Wenn du ihn anrufst, musst du dich nicht erst groß erklären und auf sein Verständnis hoffen. Ihr könnt ein Codewort ausmachen und er weiß sofort, dass er dich jetzt einfach in ein Gespräch über Fußball verwickeln muss.

ÜBERNATÜRLICHE HILFE

Ich habe eine gute Nachricht: Ihr müsst es gar nicht alleine schaffen, enthaltsam zu leben! Gott, unser Schöpfer, hat uns einen Helfer zur Seite gestellt: den Heiligen Geist. Seine Aufgabe ist es, uns zu leiten und zu führen. Jetzt pass mal auf, was Paulus über den Heiligen Geist in einem seiner Briefe schreibt:

»DIE FRUCHT ABER DES GEISTES IST LIEBE, FREUDE, FRIEDE, GEDULD, FREUNDLICHKEIT, GÜTE, TREUE, SANFTMUT, KEUSCHHEIT (ENTHALTSAMKEIT/SELBSTBEHERRSCHUNG).«

Galaterbrief Kapitel 5, Verse 22 und 23 (LUT)

Enthaltsamkeit ist eine Frucht des Geistes! Das heißt nicht, dass du sagen kannst: Jo mei, die Frucht ist bei mir bisher nicht gewachsen und deswegen ab ins Bett mit uns. Sondern das heißt, dass ihr ganz bewusst die Hilfe des Heiligen Geistes in Anspruch nehmen könnt, wenn ihr euch dazu entscheidet, enthaltsam zu leben.

Lebt ganz bewusst mit dem Heiligen Geist und bittet ihn, euch zu helfen. Für euch als Paar und möglicherweise zukünftiges Ehepaar ist das eine gute Möglichkeit, bereits jetzt zu trainieren, ein gemeinsames geistliches Leben zu führen. Das ist ein großartiges Fundament für eure Ehe. Beginnt einfach schon jetzt damit, in regelmäßigen Abständen gemeinsam zu beten, Bibel zu lesen, Lobpreis zu machen, in den Gottesdienst zu gehen, Predigten anzuhören und darüber zu reden.

Ein gemeinsames Leben in der Beziehung mit Gott entsteht allerdings nicht über Nacht. Ihr müsst es anstreben und darin wachsen. Und nur weil ihr gemeinsam betet, heißt das nicht, dass ihr jetzt plötzlich jeder Leidenschaft widerstehen könnt. Aber mit Gott unterwegs zu sein wird euch definitiv dabei helfen, euer Ziel zu erreichen.

DIE KRONE DES SIEGES

Ich weiß: Sexuelles Verlangen kann sehr stark sein. Und es ist alles andere als einfach, den Sextrieb zu beherrschen. Der Kampf um sexuelle Reinheit und Intimität ist heftig. Aber: Ihr seid in diesem Kampf nicht allein.

Ich möchte dich mit folgendem Zitat ermutigen und inspirieren:

**»WENN DU FEST ENTSCHLOSSEN BIST,
EIN SAUBERES LEBEN ZU FÜHREN,
IST DIE KEUSCHHEIT KEINE LAST FÜR DICH,
SONDERN DIE KRONE DES SIEGES.«**

Josemaría Escrivá [30]

Grundsätzlich würde ich zwar sagen: Wenn du hinfällst, steh halt wieder auf und lauf weiter. Nur darfst du dabei nicht den Fehler machen und sagen: Och, jetzt haben wir die Grenze ja ohnehin überschritten, besser, wir reißen sie ein und bauen eine neue. Nein. Lass die alte Grenze stehen. Bessert sie aus und haltet sie in Zukunft noch zuverlässiger ein. Grenzen werden automatisch ausgeweitet. Wenn ihr euch erst an die neue Grenze gewöhnt habt, wird auch sie irgendwann fallen.

An dieser Stelle ist nochmals der Hinweis angebracht: Mir geht es nicht darum, dich und dein bisheriges Sexleben zu verurteilen. Sondern vielmehr darum, dir Mut zu machen, Exklusivität vor der Ehe als etwas Ehrenvolles, Erstrebenswertes und Segensreiches zu erkennen.

Entdecke Exklusivität vor der Ehe als ehrenvoll, erstrebenswert und segensreich.

Sollte dieses Kapitel Denkweisen oder Taten ans Licht gebracht haben, die sich Gott so nicht für deine Ehe und dein Sexleben gedacht hat, dann betrachte es als Chance für Heilung und Veränderung. Wir alle zielen ständig daneben. Wir alle fallen hin und müssen wieder aufstehen. Um umzukehren und den richtigen Weg einzuschlagen, ist es als Erstes notwendig zu erkennen, falsch unterwegs gewesen zu sein. Und genau das ist bei dir vielleicht passiert. Dann lege Jesus all diese Dinge hin. Sprich sie aus, wenn du möchtest in Begleitung durch einen guten Freund, einen Mentor oder einen Seelsorger. Jesus möchte dein Herz heilen und dir dabei helfen, Gottes Absichten für dein Liebesleben zu erkennen und zu erfahren.

WIE
WAR ICH,
SCHATZ?

7.0 SEXUALITÄT UND MÄNNLICHKEIT

Wir lieben die knackigen, reifen, saftigen und süßen Früchte. Damit ein Baum solche Früchte hervorbringt, muss er kräftig sein und ausreichend Nahrung haben. Viele gute Früchte sind Ausdruck davon, dass der Baum gesund ist. Er ist fruchtbar und kann sich fortpflanzen. Er hat ein großartiges Sexualleben – wenn Bäume Sex hätten. Aber wer weiß, vielleicht finden es Bäume hammergeil, wenn endlich Frühling ist und die hübschen kleinen Bienchen herumfliegen und sie bestäuben?!

Wenn wir in diesem Buch darüber sprechen, wie wir als Männer zu wahren Sexhelden für unsere Frauen werden – also die leckeren Früchte ernten –, kommen wir nicht darum herum, an den Kern unserer Identität vorzudringen. Unserem Mannsein. Genialer Sex ist verwurzelt in einer gesunden Männlichkeit. Das ist die Nahrung, die wir brauchen. Du kannst dir sicherlich vorstellen, dass deine Frau ebenso verwurzelt in einer gesunden Weiblichkeit sein sollte. Aber das ist jetzt hier kein Thema.

»MEHR ALS ALLES, WAS MAN SONST BEWAHRT, BEHÜTE DEIN HERZ! DENN IN IHM ENTSPRINGT DIE QUELLE DES LEBENS.«

Sprüche Kapitel 4, Vers 23 (ELB)

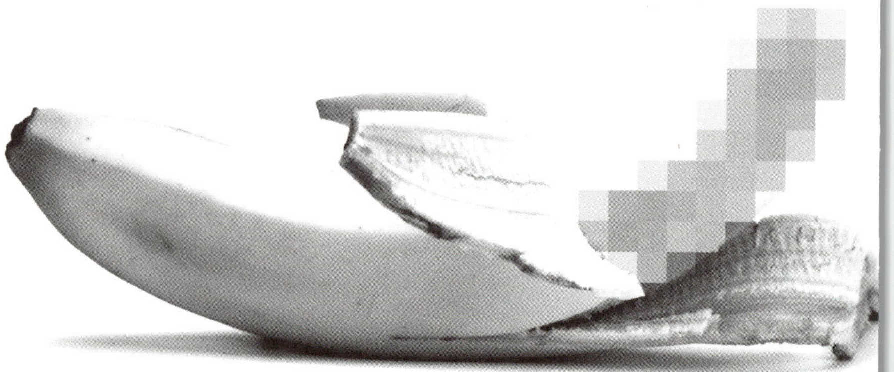

Mit Herz meint die Bibel nicht unser anatomisches Herz, sondern das Zentrum unserer Persönlichkeit, unserer Emotionen, unseres Verlangens. Hier entscheidet sich, wer wir sind, was uns ausmacht und wonach wir streben. Unser Herz ist dementsprechend auch der Ursprung eines gesunden Sexlebens.[31]

Wenn wir gute Liebhaber sein wollen, müssen wir uns mit unserem Herzen auseinandersetzen. Was bedeutet es, dass du bist, wer du bist? Was bedeutet es, dass du ein Mann bist?

In den Medien werden wir bombardiert mit Vorschlägen, was Männlichkeit ausmachen könnte. Das Problem dabei ist, dass all diese Ratschläge, Tipps und Tricks nicht zum wahren Kern vorstoßen. Denn letztendlich geht es nicht um männliche Eigenschaften. Du kannst Mann sein und dennoch Dinge gut finden, die in den Klischees eher Frauen gut finden: die Farbe Pink, Pferde, Fashion ... Es geht nämlich in Wirklichkeit um Bestätigung. Und genau hier liegt die wirkliche Not in vielen Männerherzen verborgen: unbestätigte Männlichkeit.

Das ist die eigentliche Not vieler Männer: unbestätigte Männlichkeit.

Jeder Mensch hat ein tiefes und sehr starkes Bedürfnis nach Annahme und Bestätigung. Wir wollen angenommen sein, wie wir sind, und als das bestätigt werden, wer wir sind. Das gilt besonders für uns Männer. Wir brauchen Bestätigung wie die Luft zum Atmen. Jeder Mann möchte respektiert und geachtet werden. Ich glaube, dass Gott dieses Bedürfnis in uns hineingelegt hat. Seine Idee war es, uns diese Liebe und Bestätigung durch unsere Väter zu vermitteln.

Ich glaube, es gibt diesbezüglich ein Grundprinzip. Wenn wir das verstehen, erkennen wir gleichzeitig auch das Dilemma, in dem die meisten Männer stecken. Dieses Grundprinzip lautet:

NUR MÄNNLICHKEIT KANN MÄNNLICHKEIT BESTÄTIGEN.

Frauen können uns loben, lieben, bewundern, respektieren. Das ist alles wichtig, zumindest wenn es sich um die Frau unseres Lebens handelt.

Aber keine Frau kann uns vermitteln, was es heißt, ein Mann zu sein. Keine Frau kann uns darin bestätigen, ein echter Mann zu sein. Denn nur Männlichkeit kann Männlichkeit bestätigen.

MYTHOS #10: EIN MANN FÜHLT SICH NUR DANN ALS MANN, WENN ER ES EINER FRAU BESORGEN KANN.[32]
Mannsein wird oft auf Manneskraft reduziert und diese darauf, ob die jeweilige Sexpartnerin zum Orgasmus kommt. Alles dafür zu geben, dass die Ehefrau einen Orgasmus hat, ist 'ne super Sache. Aber absolut kein Kriterium für Männlichkeit! Nur Männlichkeit kann Männlichkeit bestätigen.

Du erahnst die Todesspirale vielleicht schon. Es ist in erster Linie unser Vater, der uns unsere Männlichkeit bestätigen kann. Das kann er aber nur, wenn er selbst gesund ist, wenn er also selbst seine Männlichkeit von seinem Vater bestätigt bekommen hat – oder seine unbestätigte Männlichkeit aufarbeiten konnte.

Das Wort Vater löst bei uns aber bestimmte Erinnerungen und Assoziationen aus, die üblicherweise zumindest nicht ausschließlich positiv sind. John Eldredge – Autor von »Der ungezähmte Mann«, ein Bestseller zum Thema Männlichkeit – spricht von Vaterwunden, die wir aufarbeiten müssen. Und die trägt jeder von uns mit sich. Jeder. Dazu muss dein Vater kein Alki, kein Gewalttäter, kein Arschloch und auch nicht konstant abwesend gewesen sein. Ein ganz normaler, liebevoller Vater … ist ganz einfach nicht perfekt und hat dich irgendwann verletzt – oder es zumindest versäumt, deine Männlichkeit auf eine Art und Weise zu bestätigen, wie du es gebraucht hättest. Vielleicht hast du das sogar auch nicht bewusst realisiert.

Der Film »Courageous« beschäftigt sich mit der Rolle von Vätern. Er ist wirklich empfehlenswert und es gibt auch ein Buch dazu.

Die wichtigsten Aufgaben eines Vaters sind, seinen Sohn zu lieben, ihn auf der Reise zum Mannsein zu begleiten, zu erziehen, zu korrigieren und, je älter er wird, als Mentor und Ratgeber zu begleiten. Vor allem aber ihm zu bestätigen:

DU BIST MEIN SOHN. ICH LIEBE DICH. ICH BIN STOLZ AUF DICH. DU BIST EIN GANZER MANN.

Und genau hier haben alle unsere Väter zumindest zu einem gewissen Grad versagt, weil ihre Väter versagt haben, weil ihre Väter versagt haben, weil ihre Väter versagt haben. Und auch du wirst zu einem gewissen Grad versagen.

Die Folge ist ein tiefer Mangel im Herzen eines Mannes. Er macht sich auf die Suche nach Bestätiung – und findet sie möglicherweise in den Armen einer Frau. Letztendlich kann aber nichts und niemand die Lücke in unseren Herzen ganz ausfüllen.

Es geht wie gesagt nicht darum, deinem Vater ans Bein zu pinkeln oder ihn anzuklagen. Vielleicht ist deine Vaterwunde relativ harmlos. Vielleicht ist der Aufarbeitungsprozess unkompliziert. Aber der Mangel ist da.

Wenn du Gedanken von Minderwert oder Unsicherheit kennst. Wenn du dich mit anderen Männern vergleichst und es dich unter Druck setzt, wenn diese Vergleiche nicht positiv für dich ausfallen, hat das häufig etwas mit deinem Vater zu tun. Wenn du Angst davor hast zu versagen, wenn das Gefühl von Überforderung dein Leben bestimmt oder du keine Schwächen zugeben kannst, hat das häufig ebenfalls etwas mit deinem Vater zu tun.

Wenn es unser Vater nicht schafft, uns bedingungslos anzunehmen und uns gesunde Männlichkeit vorzuleben, wenn er es nicht schafft, unsere Männlichkeit zu bestätigen, entwickelt sich in unseren Kinderherzen eine Art Waisenmentalität. Waisen habe keinen Vater. Ihnen fehlt Geborgenheit und Sicherheit, Annahme und Bestätigung. Sie wissen nicht, woher sie kommen und wer sie sind. Ihr Leben ist geprägt von einem dauerhaften Überlebenskampf, sich behaupten und beweisen zu müssen, sich Lob und Anerkennung holen zu müssen.

MEINE BEZIEHUNG ZU MEINEM VATER

Ich kenne diesen Mangel auch. Zwar habe ich heute eine geheilte Beziehung zu meinem Vater. Ich liebe und achte ihn und weiß, dass er mich auch liebt und sehr stolz auf mich ist. Allerdings gab es viele Jahre, in denen ich nicht so ein Vertrauen und eine Wertschätzung für meinen Vater empfunden hatte.

Während meinen Teenageerjahren hatte ich eher eine oberflächliche und distanzierte Beziehung zu ihm. Er war Lehrer und darauf trainiert, Fehler zu finden. In Situationen, in denen ich mir einfach nur ein Lob von ihm gewünscht hätte, bekam ich den Hinweis, was ich noch hätte besser machen können. Ein Grund dafür, dass ich mich abgelehnt und nicht wertgeschätzt gefühlt habe, lag in seiner Art, mich auf Fehler hinzuweisen. Das hat mich sehr verletzt und verunsichert, was zur Folge hatte, dass ich mich den Leuten in meiner Umgebung anpasste. Ich habe mich so verhalten, wie sie mich haben wollten, um angenommen zu sein. Aus Angst vor Ablehnung fiel es mir sehr schwer, authentisch zu sein, Fehler und Schwächen zuzugeben. Trotz all der Partys und dem Sport mit meinen Kumpels kam ich mir einsam vor. Ich merkte, dass die Menschen gar keine Chance hatten, mich wirklich zu mögen, weil sie im Grunde gar nicht wussten, wer ich wirklich war. Im Prinzip war mein Lebensstil und die Art, wie ich Freundschaften gelebt hatte, zu einer Mauer geworden, hinter der ich mein Herz vor Ablehnung schützen wollte. Die Folge war Einsamkeit – inmitten von Menschen.

Mit 16 Jahren war ich bereits in Leitungsverantwortung für eine Jugendgruppe und so stand ich konstant unter Druck, es allen recht zu machen, niemanden zu enttäuschen, alle Erwartungen zu erfüllen. Das hat mich damals überfordert. Und mein Herz ist zerbrochen unter der Angst vor Ablehnung.

»DER GEIST DES HERRN IST AUF MIR, WEIL ER MICH GESALBT HAT, ARMEN GUTE BOTSCHAFT ZU VERKÜNDIGEN; ER HAT MICH GESANDT, GEFANGENEN FREIHEIT AUSZURUFEN UND BLINDEN, DASS SIE WIEDER SEHEN, ZERSCHLAGENE IN FREIHEIT HINZUSENDEN.«

Lukasevangelium Kapitel 4, Vers 18 (ELB)

Ein Wendepunkt und Meilenstein in meiner Entwicklung zum gesunden Mann war eine persönliche Begegnung mit Jesus Christus, durch einige Verse aus dem 4. Kapitel im Lukasevangelium. Es war, als ob jemand direkt zu mir gesprochen hätte. Während ich diese Verse las, hörte ich, wie Jesus zu meinem Herzen weitersprach:

»Hey Dani, ich bin gekommen, um dein zerbrochenes Herz zu heilen. Dich aus der Gefangenschaft von Menschenfurcht, Minderwert und dem Erwartungsdruck zu befreien. Ich bin gekommen, um dir die Augen deines Herzens zu öffnen und dir zu zeigen, wie sehr ich dich liebe, wie wertvoll du für mich bist und wie gerne ich mit dir zusammen bin. Du musst mir nichts beweisen, ich bin ein Fan von dir. Egal, ob du immer alles richtig machst oder nicht, ich sehe dein Herz, wie du es meinst, und ich werde dir Kraft geben, deinen Weg zu gehen. Ich möchte dein Freund sein und lade dich ein, mir nachzufolgen. Ich habe dich auserwählt, dich schon gesehen, als du geboren wurdest, und mich seitdem auf unsere Begegnung gefreut.«

Diese Worte drangen direkt in mein Herz und waren für mich in dem Moment so real, als würde Jesus direkt neben mir stehen. Die Liebe und Annahme, die ich damals spürte, sind bis heute tief in mir verankert und diese Worte immer noch präsent. Der nächste Schritt nach dieser Begegnung mit Jesus war, meinem Vater zu vergeben und meinen Groll und Ärger gegen ihn loszulassen.

Ab diesem Zeitpunkt war keineswegs alles nur noch gut. Ich hatte dennoch hin und wieder mit Zweifel, Minderwertigkeitsgefühlen oder

Menschenfurcht zu kämpfen. Aber ich hatte in meinen Kämpfen immer wieder einen starken Anker und Halt in der Liebe und Wertschätzung von Jesus. Diese Bestätigung gibt mir bis heute immer wieder Kraft und Mut für die Aufgaben und Verantwortung in meinem Leben. Sie hilft mir, in Krisen, in Konflikten und bei Rückschlägen nicht aufzugeben.

Ich hoffe, dass meine Geschichte dir Mut und Zuversicht gibt. Jeder von uns hat seine eigene Geschichte, aber im Prinzip eine ähnliche Vaterwunde. Diese Wunde muss heilen können, damit unsere Herzen und damit auch unsere Männlichkeit gesund und stark werden kann.

Viele Männer versuchen, den Schmerz der Vaterwunde zu betäuben, indem sie sich mit Spaß, Action, Erfolg oder Geld ablenken und sich in Beziehungen oder unverbindlichen Sex stürzen. Ablenkung funktioniert für eine Weile. Allerdings wird die Wunde niemals heilen können und dein Herz nicht gesund werden. Und irgendwann bricht dein Lebensgebäude in sich zusammen wie ein Kartenhaus.

Das meinte Jesus in seinem Gleichnis von dem Menschen, der sein Haus auf Sand baut. All die Action, all der Spaß, all der Sex und all die Anerkennung auf Basis einer Maske sind nicht von Bestand. All diese Dinge sind kein verlässliches Fundament für deine Identität oder dein Selbstwertgefühl. Da braucht es etwas anderes!

Nämlich Vergebung. Nur so kann dein Herz gesund werden. Vergebung entfernt die Ursache des Schmerzes – und dann kann die Wunde heilen. Deinem Vater zu vergeben bedeutet, ihn aus seiner Schuld dir gegenüber zu entlassen. Seine Schuld besteht darin, dass er dir nicht gegeben hat, was du gebraucht hättest. Dass er dich nicht so geliebt hat oder dir seine Liebe zumindest nicht so zeigen konnte, wie du es gebraucht hättest und es eigentlich seine Verantwortung gewesen wäre. Dass er dir nicht die Annahme, Sicherheit und Geborgenheit gegeben hat, die du gebraucht hättest. Vielleicht war er nicht nur emotional passiv oder abwesend, vielleicht war er eher aggressiv, beherrschend, jähzornig oder sogar gewalttätig. Egal, auf welche Art dein Vater an dir schuldig wurde: Vergebung ist der Schlüssel, damit dein Herz heil werden kann.

Vergebung entfernt die Schmerzursache und ist der Schlüssel, dass du heil werden kannst.

Den Schmerz, die Ungerechtigkeit, den Mangel loszulassen ist nicht einfach. Das ist klar. Aber schau mal, wie es Jesus am Kreuz ging. Seine besten Freunde haben ihn verraten, die Menschen, die er geliebt und denen er gedient hat, haben ihn abgelehnt, angeklagt und verurteilt. In seinen unmenschlichen Schmerzen hat er sogar noch für sie gebetet: »Vater, vergib ihnen, denn sie wissen nicht was sie tun« (Lukasevangelium Kapitel 23, Vers 34; NGÜ). Als dann, in seiner tiefsten Not, sogar sein eigener Vater sich von ihm abgewandt hat, ist er an einem gebrochenen Herzen gestorben. Aber es blieb nicht dabei. Jesus stand vom Tode auf und fuhr in den Himmel hinauf, wo er seitdem zur Rechten Gottes sitzt. Er ist wieder mit seinem Vater vereint und auch wir können symbolisch von den Toten auferstehen. Wir können hinter uns lassen, was ist und was war, und uns mit unserem Vater versöhnen. Und deswegen haben wir zwei Möglichkeiten:

1. Wir halten fest an dem, was wir bisher getan haben, um diesen Mangel zu betäuben. Die einen verkriechen sich im Schneckenhaus der Opfermentalität und des Minderwerts. Die anderen werden möglicherweise aggressiv, überheblich und übernehmen eine Tätermentalität.

2. Wir rennen mit diesem Schmerz und der Enttäuschung zu Jesus, der beides bestens kennt – und überwunden hat, indem er nicht tot blieb, sondern von den Toten auferstanden ist. Er versteht uns, er wurde auch betrogen und verarscht. Allerdings hat er mit Liebe und Vergebung reagiert.

Na klar, an Vergebung ist im Feuer der Gefühle nicht zu denken. Aber früher oder später musst du eine Entscheidung treffen. Und diese Entscheidung macht dich entweder bitter oder besser.

Auf Unvergebenheit folgt Verbitterung und schließlich ein hartes Herz, das sich abschottet, unverletzlich macht und keine Nähe mehr zulässt, weil es nicht mehr vertrauen kann. Ein hartes Herz macht es dir sehr schwer, echte emotionale Intimität mit einer Frau zu erleben – und damit auch echte körperliche Intimität zu erleben.

Wir Männer müssen uns mit der Beziehung zu unserem Vater auseinandersetzen, Dinge klären, um Vergebung bitten und unseren Vätern selbst vergeben. Das ist Voraussetzung für eine gesunde Männlichkeit, aus der guter Sex entstehen kann. Wir werden deswegen dennoch keine göttlichen, perfekten Väter. Wir werden bei unseren eigenen Kindern auch Fehler machen, aber hoffentlich weniger und vor allem nicht die gleichen wie unsere Väter. Außerdem können wir ihnen dabei helfen, wiederum selbst aktiv ihre Beziehung zu uns zu klären. In dem Buch »Courageous« von Randy Alcorn (2011) wird dieses Thema sehr gut aufgearbeitet.

Na gut, was bedeutet das jetzt konkret? Wie können wir diese Spirale durchbrechen? Wie können wir von Minderwertigkeitsgefühlen und Versagensängsten frei werden? Wie können wir innere Wut, Aggressionen und falschen Stolz ablegen und heil werden? Wie können unsere Herzen die Angst vor Ablehung und Überforderung überwinden?

Sich mit dir selbst zu konfrontieren bedeutet zuerst, dir einzugestehen, dass du tatsächlich diesen Mangel in deinem Herzen trägst, dass dein Herz verwundet ist, deine Männlichkeit nicht gesund ist. Das Problem ist: Wir Männer sind keine großen Helden dabei, uns selbst zu reflektieren. Geht mir auch so. Dennoch führt kein Weg daran vorbei. Die Pfeilspitze muss raus, damit die Wunde heilen kann. Deswegen mein Rat: Suche dir Freunde, Ratgeber, Mentoren, die dich in diesem Prozess begleiten können. Sei ehrlich und habe Mut, der Wahrheit ins Auge zu blicken. Gemeinsam geht es besser. Und dann sei ehrlich zu den Männern, die du dir als Schwertbrüder in diesem wichtigen Kampf ausgesucht hast.

Neben der Selbstkonfrontation und Vergebung ist noch etwas anderes eminent wichtig: Eine Erfahrung mit der Vaterliebe Gottes – du brauchst eine Begegnung mit Gott, wie ich sie hatte. Damit meine ich nicht genau so eine. Deine Erfahrung kann ganz anders aussehen. Aber du musst Gott als deinen himmlischen Vater erleben. Und das geht nur mit Jesus.

In seinem Tod hat Jesus Christus alle Ablehnung, Anklage, Überforderung und Ungerechtigkeit auf sich genommen.

UND WOZU DAS GANZE?
DAMIT DU UND ICH FREI SEIN KÖNNEN.

Damit wir Vergebung empfangen können und unsere Herzen heil werden können.

Jesus lehrt uns im Matthäusevangelium Kapitel 6, in den Versen 9-13 (HfA), das Vaterunser zu beten. Darin heißt es: »Und vergib uns unsere Schuld, wie auch wir denen vergeben, die an uns schuldig geworden sind.« Das bezieht auch deinen Vater mit ein. Du kannst deinem Vater vergeben, weil auch dir vergeben wurde. Und das ja nicht, weil du es dir verdient hättest. Nein, dir wurde aus Gnade vergeben.

Es kann gut sein, dass dein Vater absolut keine Gnade und Vergebung verdient hat. Vielleicht ist ihm noch nicht mal bewusst, dass er irgendwas falsch gemacht haben könnte. Oder es ist ihm zwar bewusst, aber vollkommen wurscht. Vielleicht konnte er aber auch nicht wirklich etwas dafür, wie er sich verhalten hat, weil sein eigener Vater an ihm schuldig geworden ist. Aber trotz alledem kannst du vollkommen unabhängig die Entscheidung treffen, ihm zu vergeben. Das wird in erster Linie dein Herz befreien und heil machen und vielleicht auch eure Vater-Sohn-Beziehung verbessern. Du kannst deine Vergangenheit nicht ändern. Aber du kannst heute eine Entscheidung treffen, die deine Zukunft zum Positiven verändern wird.

Ein erster Schritt in diese Richtung ist die Erkenntnis, dass die Liebe Gottes losgelöst ist von deiner Leistung. Das klingt vielleicht ein bisschen platt, ist aber eine grundlegende Wahrheit. Wir sehen diese Art der Liebe im Leben von Jesus, in seiner Beziehung zu Gott, seinem himmlischen Vater. Noch bevor Jesus seinen Dienst begonnen hat, spricht Gott zu ihm:

»DU BIST MEIN GELIEBTER SOHN, AN DIR HABE ICH WOHLGEFALLEN GEFUNDEN.«

Markusevangelium Kapitel 1, Vers 11 (ELB)

Jesus empfängt die 100-prozentige Bestätigung und Annahme seines Vaters, noch bevor er irgendein krasses Wunder abgezogen oder die geniale Bergpredigt gehalten hat. Diese bedingungslose Annahme und Bestätigung hat ihn vollkommen souverän mit Lob oder Kritik umgehen lassen. Er war sich seiner absolut sicher!

Stell dir das mal vor: Wie wäre es, wenn der Gott des Universums dein Vater wäre und er dich bedingungslos lieben würde! Natürlich fühlt man sich dann sicher, geborgen und unabhängig vom Lob und der Kritik anderer Menschen.

Gott ist tatsächlich auch dein Vater!

Das Geniale ist: Er ist tatsächlich auch dein Vater. Genauso wie über Jesus freut sich Gott auch über dich. Er liebt dich mit der gleichen Liebe, mit der er Jesus liebt. Kaum zu fassen! Egal, was du leistest, wie begabt oder erfolgreich du bist, er liebt dich, weil du sein Sohn bist und er dich geschaffen hat. Er liebt dich mit deinen Stärken und Schwächen. Einfach genauso, wie du bist. Das, was du tust, wird Gott manchmal freuen und manchmal ärgern, aber seine Liebe zu dir niemals infrage stellen. Im Römerbrief Kapitel 8, in den Versen 38 und 39 schreibt Paulus sogar, dass uns nichts jemals von Gottes Liebe trennen kann. Und im Epheserbrief Kapitel 3, Vers 17 betet er für uns, dass wir in Gottes Liebe eingewurzelt und gegründet seien.

Wie sehr dein himmlischer Vater dich wertschätzt und wie viel du ihm bedeutest, hat er gezeigt, indem er seinen einzigen Sohn für dich als Lösegeld gegeben hat. Jesus war bereit, sein Leben für dich zu geben, damit du mit deinem Vatergott wieder versöhnt sein und seine Liebe erfahren kannst.

So eine Erfahrung ist schwer in Worte zu fassen. Deswegen bitte Gott, dir als Vater zu begegnen und dir seine Liebe zu zeigen.

Ich wünsche dir, dass du deine eigene persönliche Begegnung mit Jesus erleben kannst. Vielleicht ermutigt und inspiriert dich meine Erfahrung. Obwohl deine Geschichte anders ist, du andere innere Kämpfe durchlebst, ist doch die Liebe von Jesus die gleiche. Ich bin ein ganz normaler

Mann, der seine Höhen und Tiefen durchlebt. Genauso wie du. Mich hat die Begegnung mit Jesus verändert, mein Herz geheilt, mich von Minderwert und Stolz befreit, mich beziehungsfähig gemacht und mir eine Vision für mein Leben gegeben. Ich behaupte nicht, dass dieser Prozess schon abgeschlossen ist; manchmal fühle ich mich noch mittendrin. Aber ich habe Lebensfreude, Hoffnung und inneren Frieden.

Das Gleiche kannst auch du erfahren! Ich möchte dich dazu ermutigen, Gott zu suchen und ihm dein zerbrochenes Herz, deine innere Gefangenschaft und Ängste hinzugeben. Er kann dir Hoffnung geben, dein Herz mit Glauben erfüllen und dich mit seiner Liebe stark machen.

Wenn du durch diese Prozesse der Vergebung durch bist, hast du das Recht und die Autorität, dich von jeder Waisenmentalität im Gebet zu lösen. Du musst es einfach nur aussprechen: »Hiermit mache ich mich frei von ..., Jesus Christus hat mich durch seinen Tod befreit. Das nehme ich in Anspruch.« Dadurch wird eine negative Linie durchbrochen und die destruktive Kraft in deinem Leben ersetzt durch Segen, Güte und Gunst Gottes. »Die vollkommene Liebe treibt die Furcht aus«, sagt die Bibel im 1. Johannesbrief, Kapitel 4, Vers 18 (ELB). Vieles in unserem Leben als Mann ist gesteuert von inneren Ängsten, die wir meist sogar gar nicht bewusst wahrnehmen.

Die vollkommene Vaterliebe Gottes befreit uns von all diesen Ängsten und macht uns zu gesunden und starken Persönlichkeiten. Als gesunde und starke Männer können wir unsere Würde zurückgewinnen und lernen, was es heißt, Verantwortung für eine Beziehung, eine Ehe und eine Familie zu übernehmen.

AUS EINEM GESUNDEN UND STARKEN HERZEN WIRST DU FÄHIG SEIN, DEINE SEXUALITÄT ZU BEHERRSCHEN UND SIE IN LIEBE UND HINGABE ZU DEINER FRAU AUSZULEBEN.

Du wirst frei sein von dem Leistungsdruck, dich zu beweisen. Du brauchst kein Machogehabe mehr, um dich als echter Mann zu fühlen. Du kannst offen über deine Stärken und Schwächen sprechen, was dich authentisch und emotional nahbar macht. Deine Frau wird dich umso mehr lieben und Herzensnähe mit dir genießen. Auf der Grundlage dieser Intimität wird euer Sexleben aufblühen. Auch deine Freundschaften zu anderen Männern werden sich verändern. Weil du authentisch geworden bist, nicht mehr aus Mangel heraus Freundschaften lebst und weil dein Herz voll ist, kannst du Liebe und Wertschätzung in andere investieren und verschenken.

Nun kann es auch sein, dass du eine echt gute und gesunde Vaterbeziehung genossen hast. Dann will ich dir hier keine Probleme einreden. Dann sei dankbar! Wenn dein Herz stattdessen durch die Beziehung zu einer Frau zerbrochen ist, dann möchte ich dir durch folgende Gedanken Mut machen, damit dein Herz wieder heil und beziehungsfähig werden kann:

Gib nicht auf, renn zu Gott, wirf dich in seine Arme. Er kann aus menschlichen Fehlern und Versagen am Ende etwas Wunderbares kreieren, wenn wir ihm vertrauen und an ihm festhalten.

Um wieder Vertrauen zu lernen und emotional verletzlich zu werden, musst du deinen Teil der Schuld ehrlich reflektieren und der Frau, mit der du die Beziehung hattest und die dich verletzt hat, vergeben. Egal, ob sie dich darum gebeten hat oder dir sogar noch eins obendrauf gibt. Vergebung ist als Allererstes für dich wichtig, damit Gott mit dir ein neues Kapitel aufschlagen kann und du nicht ein Gefangener deiner Vergangenheit bist.

Wie ich eingangs erzählt habe, hatte ich, bevor ich Franzi kennenlernte, eine andere Beziehung. Am Ende dieser Beziehung war mein Vertrauen in Frauen zerbrochen und ich war emotional ein Wrack.

IN ALL MEINER VERWIRRUNG,
MEINEN VERSAGENSGEFÜHLEN
UND MEINEM ZERBRUCHS
HABE ICH DENNOCH GOTTES NÄHE
UND SEINEN FRIEDEN GESPÜRT.

Das gab mir Mut und Zuversicht.

Ich weiß, zu einer zerbrochenen Beziehung gehören immer zwei. Dennoch fühlte ich mich ungerecht behandelt, hintergangen und verarscht. Vielleicht kennst du diese Gefühle und weißt, was in dem Moment in uns abgeht.

Das Dümmste, was du jetzt machen kannst: dich in die nächste Beziehung stürzen, um dich abzulenken und zu trösten. Suche stattdessen lieber die Begegnung mit Gott und lass dich auf die gleichen Schritte der Vergebung ein, die ich oben geschildert habe.

Bei mir hat es etwa 8 Monate gedauert, bis ich diesen Zerbruch verarbeitet und reflektiert hatte und als Mann wiederhergestellt war. Dann erst war mein Herz bereit für eine neue Beziehung und ich konnte mein Herz erneut einer Frau anvertrauen.

Im Nachhinein kann ich sagen, dass ich durch diese Krise gereift und gestärkt daraus hervorgegangen bin. Es war letztendlich die Gnade Gottes, die mich gerettet hat. Aus Gnade hat er mich geheilt, mir Hoffnung und die Kraft zur Vergebung gegeben. Es ist für mich auch die absolut unverdiente Gnade Gottes, so eine wunderbare Frau wie Franzi geheiratet zu haben.

DEINE FRAU BRAUCHT DICH

Deiner Freundin, Verlobten oder Ehefrau kann prinzipiell etwas ganz Ähnliches passieren wie dir. Auch sie kann einen Mangel an Bestätigung und Wertschätzung durch ihren Vater erleben, was gleichermaßen eine Vaterwunde verursacht. Vielleicht hat sie auch verletzende sexuelle Erfahrungen gemacht, die ihr Sexleben blockieren oder ihr Intimitätsempfinden einschränken.

Die Art und Weise, mit so einer Vaterwunde beziehungsweise Männerwunde umzugehen, ist bei Frauen sicherlich anders als bei uns Männern. Dennoch gilt auch hier das gleiche Prinzip: Damit die Wunde heilen und ein gesundes Bewusstsein von Intimität und sexueller Lust wiederhergestellt werden kann, muss auch bei ihr die Ursache raus aus der Wunde.

Wenn du merkst, dass eure Intimität und damit auch euer Sexleben durch ihre Vergangenheit gehemmt ist, ist mein wichtigster Rat: Verurteile sie nicht, setze sie nicht unter Druck, distanziere dich nicht von ihr, weder körperlich noch emotional.

Was deine Frau braucht: die Sicherheit deiner Liebe und Annahme.

Was sie braucht, ist die Sicherheit in deiner Liebe und Annahme. Sie braucht auch Heilung und Veränderung durch eine persönliche Begegenung mit Jesus. Wenn du selbst Zerbruch erlebt hast und die Schritte gegangen bist, die ich weiter vorne beschrieben habe, kannst du sie sanft an die Hand nehmen und ihr dabei helfen, ihre Vergangenheit zu Jesus zu bringen. Ermutige sie unter Umständen, damit zu einem Seelsorger oder Therapeuten zu gehen. Wenn ihr diese Heilung und Wiederherstellung gemeinsam erlebt, wird es eure Beziehung und euer Sexleben stärken und aufblühen lassen.

Letztendlich haben wir folgendes Versprechen:

»GEHÖRT ALSO JEMAND ZU CHRISTUS, DANN IST ER EIN NEUER MENSCH. WAS VORHER WAR, IST VERGANGEN, ETWAS VÖLLIG NEUES HAT BEGONNEN.«

2. Korintherbrief Kapitel 5, Vers 17 (HfA)

Dieses Neue kann nur Gott wirken. Es ist ein Wunder. Durch dieses Wunder könnt ihr beide eure Vergangeneit loslassen, ein neues Kapitel aufschlagen und euer Sexleben neu entdecken.

ES KOMMT
AUF DIE
GRÖSSE AN.
ABER NICHT
AUF DEINE …

8.0 KINTSUKUROI

In Japan gibt es eine Kunst, zerbrochene Keramik mit Gold, Silber oder Platin zu reparieren. Sie nennt sich Kintsukuroi. Es ist ein aufwendiger Prozess, bei dem die einzelnen Keramikteile immer wieder lackiert und schließlich zusammengesetzt werden. Der Lack zieht sich durch den Keramikgegenstand wie goldene Adern. Durch Zerbruch und dank Kintsukuroi wird selbst ein einfacher Keramikteller zu etwas Einzigartigem und viel Wertvollerem. Allerdings muss sich der Eigentümer überlegen, ob ihm der Teller eine solch teure und aufwendige Reparatur wert ist.

Wenn wir zerbrechen, sind wir ähnlich wie ein Keramikteller, der zu Boden fällt. Aber die Scherben lassen sich nicht ohne Weiteres wieder zusammenfügen. Dort, wo kleine Scherbenteile verloren gegangen sind, bleiben Lücken. Und übliche Methoden, Keramik zu kleben, sind entweder sehr instabil oder hinterlassen hässliche Narben. Unser Töpfermeister ist Gott. Er kann uns wieder zusammensetzen, er kann uns wieder vollständig machen. Das ist manchmal ein aufwändiger Prozess. Aber am Ende entsteht eine neue Version von uns selbst, wertvoller als je zuvor.

Nach dem Zerbruch entsteht eine neue Version von uns selbst – wertvoller als je zuvor!

Wir leben leider in einer Wegwerfgesellschaft. Kaputte Dinge werfen wir weg und kaufen Ersatz. Die Nachkriegsgeneration hatte diesen Luxus nicht. Damals konnten Dinge nicht immer sofort ersetzt werden, sondern wurden repariert. Wir haben die Fähigkeit und Geduld, Dinge zu reparieren, oft verlernt. Wozu denn auch? Eine Reparatur lohnt sich oft gar nicht. Für große Versandhändler wie Amazon kann es günstiger sein, zurückgesendete Produkte zu zerstören, statt sie zu reparieren oder auch nur neu zu verpacken und wieder zu verkaufen.[33] Leider übertragen wir diese Mentalität oft auch auf unser Liebesleben. Wir haben nicht mehr gelernt, etwas für uns Wertvolles zu reparieren oder dafür zu kämpfen. Es ist zu einfach geworden, eine Beziehung wegzuwerfen, sobald sie nur angeknackst ist, sich scheiden zu lassen und mit jemand anderem das Zerbrochene zu ersetzen.

Laut *Durex Global Sex Survey* von 2017 sind 54 Prozent der Deutschen mit ihrem Sexleben nicht zufrieden. Es funktioniert nicht, wie es soll, es ist beschädigt oder gar zerbrochen.[35]

VERLETZTES ICH

Wie ist das bei dir? Woran denkst du, wenn du dein bisheriges Liebes- und Sexleben reflektierst? Welche Entscheidungen hast du getroffen, die sich im Nachhinein als gut und weise herausgestellt haben? Welche Entscheidungen hast du getroffen, die du bitter bereust, weil sie destruktive und verletzende Konsequenzen hatten? Was ist über die Jahre deines Liebeslebens bereits kaputtgegangen? Zum Beispiel, weil du oder Menschen, die du geliebt hast, Fehler gemacht haben?

Das ist ganz und gar nichts Seltenes und es gibt ein einfaches Prinzip: verletzte Menschen verletzen Menschen. Hast du das auch schon zu spüren bekommen? Wenn du mit jemandem zusammen bist, der verletzt ist, ist die Chance groß, dass du ebenfalls verletzt wirst – und dass du wiederum andere verletzt. Quält dich die Angst vor Ablehnung, Einsamkeit oder Selbstverdammnis? Fällt es dir schwer, dir oder der anderen Person zu vergeben und die Vergangenheit hinter dir zu lassen? Kennst du diese innere Stimme, die dir immer wieder versucht einzureden, du seist gar nicht beziehungsfähig? Wie oft glaubst du dieser Stimme? Bemerkst du an dir, dass du deinen Sextrieb nicht kontrollieren kannst und immer wieder in alte Abhängigkeiten und destruktive Verhaltensmuster zurückfällst?

Die Frage ist: Was ist die Lösung? Wie können wir aus diesem Teufelskreis ausbrechen? Wie kann Zerbrochenes heilen? Darüber habe ich ja schon einiges geschrieben. Viel wichtiger ist aber die Frage:

WER KANN ZERBROCHENES HEILEN?

Die Antwort ist simpel, aber matchentscheidend: Gott, der Schöpfer und Ursprung von Liebe und Sex kann alles wiederherstellen. Geh zu ihm mit deiner zerbrochenen Keramikschale. Vertraue sie ihm an. Gib sie ihm zurück. Er wird dich nicht zurückweisen, anklagen oder strafen. Er nimmt dich an, so wie du bist. Mit deiner Geschichte, deinen Fehlern, deine Stärken und Schwächen. Er kennt dich besser als du dich selbst.

Lass es nicht länger zu, dass deine Vergangenheit deine Zukunft bestimmt. Du kannst heute die Weichen stellen. In der Liebe Gottes des Vaters erfährst du die Liebe und Annahme, die du brauchst. In der Bibel steht: »Die vollkommene Liebe treibt die Furcht aus.« Alle Ängste, jeder Stolz oder jeder Minderwert, alle Unsicherheit und unbestätigte Männlichkeit werden verändert in der Liebe und Annahme Gottes. Gehirnstrukturen und Synapsen können sich ändern. Verhaltensmuster können gesund werden. Fantasien können frei werden. Beziehungen können geheilt werden. Vertrauen kann neu entstehen.

Der erste Schritt ist, sich vor Gott einzugestehen: Es tut mir leid. Ich habe es ohne dich versucht, hat nicht funktioniert. Jetzt ändere ich meine Meinung und meine Wertmaßstäbe. Und ich orientiere mich an dem, was du dir für mein Leben gedacht hast. Hey, Gott, zeig mir bitte, wie sehr du mich liebst. Zeig mir den Weg in die Oase einer exklusiven erotischen Sexualität. Hilf mir, Intimität, Herzensnähe mit der Frau meines Lebens aufzubauen oder zu vertiefen. Ich möchte dich, Gott, und deinen Plan für mein Leben immer mehr erkennen.

DIE WICHTIGSTE ENTSCHEIDUNG DEINES LEBENS

Vielleicht hat die Lektüre dieses Buches dein Bild von Gott verändert. Vielleicht sind dir einige Aspekte, die ich dir von meinem Glauben an Gott erzählt habe, fremd. Wenn du aber in deinem Herzen eine Sehnsucht verspürst, ebenfalls eine persönliche Beziehung zu diesem Gott zu starten, und ihm dein Liebes- und Sexleben anzuvertrauen möchtest, dann kannst du das Jesus mit diesem simplen Gebet sagen:

»Jesus Christus,

ich danke dir, dass du einen guten Plan für mich und mein Liebesleben hast. Es tut mir leid, dass ich dich bisher ignoriert und mich von dir abgewandt habe. Ich erkenne jetzt, wie sehr du mich liebst und dass du am Kreuz für meine Schuld gestorben bist. Bitte vergib mir meine Schuld, dass ich ohne dich mein Leben nach meinen eigenen Maßstäben gelebt habe.

Ich nehme deine Vergebung an und bitte dich: Heile mein Herz, meine Männlichkeit, mein Liebes- und Sexleben. Ich vertraue dir mein Leben an, möchte dich kennenlernen und lernen, dir zu folgen.

Heiliger Geist,

bitte erfülle mich und schenke mir die Kraft, mein Leben nach Gottes Maßstäben und Geboten auszurichten. Ich vertraue dir, Gott, und glaube, dass deine Gebote gut für mich sind. Du bist mein Gott, mein himmlischer Vater, mein Freund, mein Ratgeber und Beistand. Amen.«

Wenn du dieses Gebet im Glauben gesprochen hast, verspricht Jesus dir Folgendes: Dass alles, was war, Vergangenheit ist und dass er mit dir einen neuen Weg einschlägt (2. Korintherbrief, Kapitel 5, Vers 17).

Investiere jetzt in deine neue Beziehung zu Gott. Gib ihm die oberste Priorität in deinem Leben. Suche dir eine lebendige, gesunde Gemeinde, in der du in deinem Glauben wachsen, Freunde finden und ein Segen für andere Menschen sein kannst. Wenn du möchtest, kann ich dir vielleicht dabei helfen.

Außerdem würde ich mich riesig freuen, von dir zu hören, wenn du dieses Gebet zum ersten Mal gebetet hast. Schreibe mir eine Mail über das Kontaktformular der Seite www.sexlife-exklusiv.de.

Vielleicht begegnen wir uns auch mal persönlich?

Diese neue Herzensausrichtung ist der Beginn einer neuen Zukunft. Einer Zukunft mit Ewigkeitsperspektive.

Vielleicht bist du noch jung und stehst am Anfang deines Liebes- und Sexlebens. Du hast noch gar keinen Zerbruch in dieser Hinsicht erlebt. Vielleicht bereitest du dich auch gerade auf deine Hochzeit vor. Dir möchte ich sagen: Du musst nicht die gleichen Fehler machen wie ich und viele andere.

Nimm dir meine Ratschläge zu Herzen.

FÜR UNS ALLE GILT: GOTT DIE OBERSTE PRIORITÄT IN UNSEREM LEBEN ZU GEBEN IST DIE BESTE ENTSCHEIDUNG, DIE WIR TREFFEN KÖNNEN. WENN GOTT AN ERSTER STELLE STEHT, KOMMT ALLES ANDERE UNTER SEINEM SEGEN IN EINE WUNDERBARE UND GESUNDE ORDNUNG.[34] STELL DICH DEN SCHATTEN UND BLINDEN FLECKEN DEINES HERZENS. GOTT MÖCHTE DIR EINE VISION FÜR DEIN LIEBES- UND SEXLEBEN GEBEN. SIE MUTIG UND STARK, FOLGE IHM.

LET'S

PLAY!

9.0 HÖR NICHT AUF ZU LERNEN

Lebenslange Liebe erfordert lebenslanges Lernen. Deswegen rate ich dir: Hör nie auf zu lernen, wie du ein noch besserer Ehemann, Liebhaber, Zuhörer, Kommunikator etc. sein kannst.

Bücher sind dabei sehr hilfreich. Wobei ich sagen muss, dass Bücher allein rein gar nichts ändern. Entscheidend ist, was du umsetzt, wie du dich reflektierst, welchen nächsten Schritt du gehst.

Ich habe inzwischen schon sehr viele Bücher, Artikel und Vorträge zum Thema Ehe und Sex reingezogen. Vieles davon war hilfreich, auch wenn ich genauso vieles kritisch sehe bzw. eine andere Meinung habe.

Damit du in deine (zukünftige) Ehe investieren kannst, möchte ich dir ein paar Bücher ans Herz legen, durch die du gewisse Themen, die ich in meinem Buch aufgegriffen habe, vertiefen kannst. Die Liste ist natürlich nicht vollständig. Aber es sind Bücher, die mich inspiriert und mein Verständnis von Ehe und Sex geprägt haben bzw. mit denen ich mich kritisch auseinandergesetzt habe:

BÜCHER ZUM THEMA EHE

EHE

Tim Keller, ein Pastor aus New York und ein hervorragender Theologe, schafft es, in diesem Buch eine begeisternde theologische Sicht zum Thema Ehe aufzuzeigen. Er schreibt unter anderem über das Geheimnis, die Kraftquelle und das Wesen der Ehe. Das richtige Verständnis von Liebe, Wahrheit und Gnade ist für jede Ehe eine essenzielle Grundlage.

Timothy + Kathy Keller (2001): »Ehe – Gottes Idee für das größte Versprechen des Lebens.« Basel: Brunnen Verlag.

LIEBE UND RESPEKT

Dieses Buch offenbart den teuflischen Kreislauf, den fast jede Ehe erlebt: Auf Lieblosigkeit reagiert die Frau respektlos, auf Respektlosigkeit reagiert der Mann lieblos. Gleichzeitig erklären dir die Autoren, wie du diesen Kreislauf durchbrechen und einen göttlichen Kreislauf ankicken kannst. Denn: Auf Liebe reagiert die Frau respektvoll, auf Respekt reagiert der Mann liebevoll.

Dr. Emmerson Eggerichs (2011): »Liebe & Respekt: Die Nähe, nach der sie sich sehnt. Die Anerkennung, die er sich wünscht.« Asslar: Gerth Medien.

DIE FÜNF SPRACHEN DER LIEBE

Auch ein Klassiker zum Thema, wie Kommunikation in der Ehe gelingt. Was bringt es, wenn du deiner Frau deine Liebe ausdrücken möchtest, sie es aber nicht versteht bzw. komplett falsch auffasst? Der Autor beschreibt Lob & Anerkennung, Zweisamkeit, Geschenke, Hilfsbereitschaft und Zärtlichkeit als die fünf Arten, wie wir Liebe zeigen und annehmen können.

Gary Chapman (1994): »Die fünf Sprachen der Liebe – Wie Kommunikation in der Ehe gelingt.« Marburg an der Lahn: Verlag der Francke-Buchhandlung.

BÄM!

Konflikte bleiben keiner Beziehung erspart. Tobi und Frauke Teichen, leitende Pastoren von ICF München, zeigen dir auf erfrischende und authentische Art, wie du Konflikte meistern und deren positives Potenzial für die Weiterentwicklung und Vertiefung deiner Beziehung nutzen kannst.

Tobias und Frauke Teichen (2018): »Bäm – Keine Angst vor Konflikten.« Holzgerlingen: SCM Verlag.

BÜCHER ZUM THEMA SEX

HOOKED

Dieses englischsprachige Buch gibt dir einen Einblick in die faszinierenden Gehirnstrukturen und neurochemischen Abläufe beim Sex.

McIlhaney, Joe S. Jr./Mckissic Bush, Freda (2008): »Hooked: New Science on How Casual Sex Is Affecting Our Children.« Chicago: Northfield Publishing.

DER PERFEKTE LIEBHABER & DER SUPER-ORGASMUS

Lou Paget ist Sexberaterin und gibt in ihrem Buch ausführliche Anleitungen zu Sextechniken, Stellungen etc.

Lou Paget (2012): »Der Super-Orgasmus: Höhepunkte zum Abheben.« München: Goldmann Verlag.

Lou Paget (2001): »Der perfekte Liebhaber – Sextechniken, die sie verrückt machen.« München: Goldmann Verlag.

BÜCHER ZUM THEMA PORNOGRAFIE

EGOSEX

Pornografie ist ein Thema, mit dem jeder Mann mehr oder weniger zu tun hat bzw. zu tun hatte. Das Buch von Christina Rammler zeigt dir ohne den moralischen Zeigefinger zu erheben, was Pornografie mit dir macht und wie du Verhaltensmuster und sogar Abhängigkeit überwinden und loswerden kannst.

Christina Rammler (2015): »Egosex – Was Porno mit uns macht.« Holzgerlingen: SCM Verlag.

FREI.MANN.SEIN.

Das Kursbuch trainiert Männer im geistlichen Kampf gegen ihre Pornografiesucht und gibt praktische Werkzeuge an die Hand. 15 Einheiten voller authentischer Lebensberichte von Männern, die schon frei wurden, voller Kampfgeist und geistlichem Tiefgang.

Jeremy Hammond (2018): »Frei.Mann.Sein. – Stell dich dem Kampf um sexulle Reinheit.« Holzgerlingen: SCM Verlag.

So, jetzt weißt du, was du zu tun hast. Pack es an! Investiere in dein aktuelles oder zukünftiges Liebes- und Sexleben. Dabei musst du nicht alles auf einmal angehen. Geh einfach immer einen Schritt nach dem andern. Aber bleib auf keinen Fall stehen. Du weißt ja: Stillstand ist Rückschritt.

Wenn du möchtest, ist Gott an deiner Seite. Er gibt dir Mut, Kraft und Zuversicht und zeigt dir den nächsten Schritt.

ICH HOFFE, ICH KONNTE DICH ERMUTIGEN, HERAUSFORDERN UND INSPIRIEREN. UND JETZT WÜNSCHE ICH DIR DAS BESTE UND SEGNE DICH MIT VIEL EXKLUSIVEM UND INTIMEM SEX.

ANMERKUNGEN

1 Shmuley Boteach (2001): »Koscherer Sex«, Adwaita Verlag, S. 23.

2 Einige davon nennt Loren Stein in ihrem Text »Sex and Seniors: The 70-Year Itch« auf healthday.com.

https://consumer.healthday.com/encyclopedia/aging-1/misc-aging-news-10/sex-and-seniors-the-70-year-itch-647575.html.

3 Susan Quilliam schreibt das in einer E-Mail an abcnews.com. Susan Donaldson James zitiert aus dieser E-Mail in ihrem Text »BDSM Advocates Worry About ›Fifty Shades of Grey‹ Sex«. https://abcnews.go.com/Health/bdsm-advocates-worry-fifty-shades-grey-sex/story?id=17369406.

4 Stefan Klein (17.2.2011): »Hat der Mensch wirklich eine Seele?« In: Stern. https://www.stefanklein.info/node/297.

5 Rolf Froböse (25.4.2018): »Die Seele existiert auch nach dem Tod.« In: welt.de. https://www.welt.de/wissenschaft/article1938328/Die-Seele-existiert-auch-nach-dem-Tod.html. Er berichtet über Dürr und andere Physiker sowie andere Meinungen und Erkenntnisse rund um die menschliche Seele in seinem Artikel.

6 Dpa (22.04.2018): »Nur kurz eine Runde drehen.« In: Berliner Zeitung https://www.berliner-zeitung.de/panorama/nur-kurz-eine-runde-drehen-jetski-fahrer-treibt-20-stunden-hilflos-auf-ostsee-30053884.

7 Die Oxytocinforscherin Kerstin Unväs Moberg sammelt die Ergebnisse vieler verschiedener Forschungen und Studien in ihrem Buch »Oxytocin, das Hormon der Nähe«. Und auch die Journalistin Stefanie Kara beschreibt in ihrem Artikel für zeit.de darüber: »Unsere Wunderdroge«.

8 Janice K. Kiecolt-Glaser et al. (2002): »Psychoneuroiummunology – Psychological Influences on Immunue Function and Health.« In: Journal of Consulting and Clinical Psychology 70, no. 3, S. 537-547.

9 Kerstin Uvnäs Moberg (2016): »Oxytocin, das Hormon der Nähe.« Springer Verlag, S. 109.

10 Vgl. Eric J. Keroack und John R.Diggs Jr. (2001): »Bonding Imperativ. A Special Report from the Abstinence Medical Council.« As quoted by Abstincence Clearinghouse.

11 Um genau zu sein: Die Psychologin Rebecca Turner, auf deren Forschung sich die beiden primär beziehen, widerspricht der Interpretation der beiden auf newswise.com.

12 »So können Forscher Erinnerungen ins Hirn pflanzen.« In (März 2015): Focus Online. https://www.focus.de/gesundheit/videos/neue-gedanken-eingepflanzt-so-einfach-lassen-sich-erinnerungen-manipulieren_id_4539947.html.

13 Clara Ott (17.11.2016): »Aus diesem profanen Grund betrügen Frauen die Männer.« In: Welt online. https://www.welt.de/icon/partnerschaft/article159555520/Aus-diesem-profanen-Grund-betruegen-Frauen-die-Maenner.html.

14 Ted Cunningham u. Dr. Gary Smalley (2009): »Mehr Spaß im Bett.« SCM Hänssler, S. 18.

15 Vgl. Wikipedia, »Intimität«. https://de.wikipedia.org/wiki/Intimit%C3%A4t.

16 Rob Bell (2008): »Sex. Gott.« Brunnen, S. 48.

17 Darüber berichtet beispielsweise die Webseite fem.com: »Der Orgasmus der Frau: Das passiert, wenn es passiert!« https://www.fem.com/liebe-lust/der-orgasmus-der-frau-das-passiert-wenn-es-passiert.

18 David A. Frederick, H. Kate St. John, Justin R. Garcia, Elisabeth A. Lloyd (2017): »Differences in Orgasm Frequency Among Gay, Lesbian, Bisexual, and Heterosexual Men and Women in a U.S. National Sample.« https://www.researchgate.net/publication/313835591_Differences_in_Orgasm_Frequency_Among_Gay_Lesbian_Bisexual_and_Heterosexual_Men_and_Women_in_a_US_National_Sample.

19 Osmo Kontula u. Anneli Miettinen (2016): »Determinants of female sexual orgasms, Socioaffective Neuroscience & Psychology.«
https://www.tandfonline.com/doi/abs/10.3402/snp.v6.31624

20 Zitiert in: Mark Gungor (2009): »Laugh Your Way to a Better Marriage.« Atria Publishing, S. 178.

21 Vgl. Cheryl Alkon (2018): »Understanding the Male Climax.« https://www.everydayhealth.com/sexual-health/the-male-orgasm.aspx.

22 Ab und zu sehe ich Männer an Junggesellenabschieden mit diesem Spruch aus »Herr der Ringe« auf dem T-Shirt herumrennen. Wie bescheuert ist so was? Ich weiß, das ist nur ein Scherz – offenbart aber doch Gedanken, die unter der Oberfläche liegen. Das ist sicherlich keine gesunde Einstellung, eine Ehe zu beginnen.

23 Wenn du möchtest, lies dir folgende Stellen in der Bibel dazu durch: Johannes 3,14-17, um herauszufinden, was Ausdruck für Gottes Liebe ist.

In Lukas 10,25-37 steht die Geschichte vom barmherzigen Samariter, die eindrucksvoll Jesu Verständnis von Nächstenliebe zeigt. Und schließlich 1. Korinther 13,1-7, wo Paulus in lyrischen Worten Liebe definiert.

24 Lies dir das gesamte Kapitel oder auch den Hebräerbrief mal am Stück durch. Lohnt sich!

25 Das ist eine eher freie Übersetzung. Die am ehesten der englischen King James Version nahekommt. Dort heißt es: »Where there is no vision, the people perish.«

26 Ehe ist also keineswegs out. Aber nichts, was Millennials überstürzen. Die Ehe ist ihnen so viel wert, dass sie lieber lange warten, um absolut sicher zu sein. Auf Sex verzichten sie deswegen aber natürlich nicht. Vgl. Julia Haase (01.06.2018): »Warum Millennials so spät heiraten und Kinder kriegen.« In: welt.de. https://www.welt.de/kmpkt/article176827798/Ehe-Aus-diesem-Grund-heiraten-Millennials-spaeter-als-ihre-Eltern.html.

27 Elberfelder Studienbibel (2015), SCM, S. 2048.

28 Cambridge Dictionary. https://dictionary.cambridge.org/dictionary/english/fornicate?q=Fornication.

29 Vgl. Wikipedia, »Fornication«. https://en.wikipedia.org/wiki/Fornication.

30 Josemaría Escrivá (2010): »Der Weg.« Adamas-Verlag. http://de.escrivaworks.org/book/1/123.

31 Der Mensch ist Körper, Geist und Seele. Insofern entspricht die Bedeutung von Herz an dieser Stelle der Seele.

32 Frei nach dem Song »Männer sind Schweine« von den Ärzten.

33 Den Skandal deckten die Wirtschaftswoche und Frontal 21 auf. Vgl. Hanna Decker (14.06.2018): »Was tun mit Retouren?« In: faz.de. http://www.faz.net/aktuell/wirtschaft/diginomics/amazon-und-die-retouren-wie-machen-es-otto-und-zalando-15638099/retouren-sind-fuer-unternehmen-15638134.html.

34 Vgl. Matthäus 6,33: »Trachtet zuerst nach dem Reich Gottes und nach seiner Gerechtigkeit, so wird euch das alles zufallen. Darum sorgt nicht für morgen, denn der morgige Tag wird für das Seine sorgen. Es ist genug, dass jeder Tag seine eigene Plage hat.«

LITERATURLISTE

Alcorn, Randy (2011):
»Courageous. Honor Begins at Home.« Coral Stream: Tyndale House.

Bancroft, John/Myerscough, Philip (1985):
»Grundlagen und Probleme menschlicher Sexualität.« Stuttgart: Thieme.

Eldredge, John (2003):
»Der ungezähmte Mann. Auf dem Weg zu einer neuen Männlichkeit.« Gießen: Brunnen.

McIlhaney, Joe S. Jr./Mckissic Bush, Freda (2008):
»Hooked: New Science on How Casual Sex Is Affecting Our Children.« Chicago: Northfield Publishing.

Schulz von Thun, Friedemann (1981-1998):
»Miteinander reden: 1 bis 3.« Reinbek: rororo.

Veronika Schmidt
Alltagslust
Ganz entspannt zum guten Sex

Flexcover, 16,5 x 23,5 cm, 304 Seiten
Nr. 395.793, ISBN 978-3-7751-5793-3
Auch als E-Book

Guter Sex ist nicht nur möglich, sondern nötig. Die Erfolgsautorin Veronika Schmidt widmet sich in ihrem neuen Buch dem ganz normalen Alltag.

In gewohnt erfrischender Weise lädt Veronika Schmidt dazu ein, den genussvollen Sex in der Ehe zu entdecken.

Marcel Hager
Mann, unrasiert
Wild, echt und berufen

Gebunden, 14 x 21,5 cm, 176 Seiten
Nr. 226.789, ISBN 978-3-417-26789-1
Auch als E-Book

Marcel Hager ist Leiter der 4te Musketier-Bewegung in der Schweiz und trifft als Outdoorcoach mit vielen Männern zusammen, die auf der Suche nach ihrer wahren Identität sind. In diesem Buch zeigt er, dass an erster Stelle immer das Sein als Kind Gottes steht.

Bitte fragen Sie in Ihrer Buchhandlung nach diesen Titeln!
Oder schreiben Sie an:
SCM in der SCM Verlagsgruppe GmbH,
D-71087 Holzgerlingen; E-Mail: info@scm-verlag.de;
Internet: www.scm-verlag.de

BILDNACHWEISE

S. 17: sakmeniko (shutterstock.com), S. 29: arbati6 (shutterstock.com), S. 31: mariait (shutterstock.com), S. 35: Rvector (shutterstock.com), S. 40: gpointstudio (shutterstock.com), S. 43: KGBobo (shutterstock.com), S. 51: Volodymyr Goinyk (shutterstock.com), S. 53: Peter Hermes Furian (shutterstock.com), S. 56: Rohappy (shutterstock.com), S. 56: Rohappy (shutterstock.com), S. 65: nelelena (shutterstock.com), S. 69: Elchin Jafarli (shutterstock.com), S. 71: VLADYSLAV DANILIN (shutterstock.com), S. 77: Luis Molinero (shutterstock.com), S. 77: Luis Molinero (shutterstock.com), S. 99: Black creator (shutterstock.com), S. 107: dubassy (shutterstock.com), S. 109: Set Line Vector Icon (shutterstock.com), S. 115: Subbotina Anna (shutterstock.com), S. 123: RATOCA (shutterstock.com), S. 131: art-sonik (shutterstock.com), S. 147: Irina Adamovich (shutterstock.com), S. 155: Zem Icon (shutterstock.com), S. 160: debra hughes (shutterstock.com), S. 164: PBO Photography (shutterstock.com), S. 175: yukipon (shutterstock.com), S. 191: weltreisendertj (shutterstock.com), S. 193: popout (shutterstock.com), S. 196: Vitezslav Valka (shutterstock.com), S. 202: BestVectorIcon (shutterstock.com), S. 201: BestVectorIcon (shutterstock.com), S. 202: Manon ter Avest (shutterstock.com), S. 215: Puckung (shutterstock.com), S. 219: Anar Babayev(shutterstock.com), S. 220: photoBeard (shutterstock.com), S. 227: HN Works (shutterstock.com),